二つの祖国を持つ女性たち

楠巳敦子
Atsuko Kusumi

栄光出版社

二つの祖国を持つ女性たち

目次

二つの祖国を持つ女性たち

まえがき

2004年に、アメリカへ世界から移住して来た人口は、94万6142人と百万人近く、その4分の1以上の25万2920人が、カリフォルニア州に入っている。2番目に多いニューヨーク州の10万2390人の、2倍以上だから驚く。さらにカリフォルニア州でも、ロスアンゼルスにその数は集中する。

私は、諸外国からアメリカに移住してきた女性たちに、興味を持った。彼女たちが、祖国を後にして海外に住むに至った事情は何だったのだろう。どのような困難や障害を乗り越えて来たのだろう。労働ビザや永住権は、取得がむずかしくなる一方だが、どのようにして取ったのだろう。どんな目標や希望を持って来たのだろう。それらは達成できたのだろうか。彼女たちを受け入れたアメリカの魅力とは何だろう。印象的な出来事とは？　祖国ではどんな暮らしをしていたのだろう。祖国を今はどのように見ているのだろう。将来もアメリカに永住するつもりだろうか。もし祖国に帰るとしたら、その理由は何だろう。アメリカに移住したい人に対するアドバイスは何か。

こういうことを、インタビューをとおして探る企画をたてた。

インタビューをした女性は、私が親しく付き合っている人もいるし、紹介された人もいる。また、私が特に興味のある国の、興味のある職業の人を、伝手を頼って探した例もある。選んだ国はランダムだが、政治的宗教的に抑圧されて、難民として祖国を出た女性たちを第1部にまとめ、民主主義国から本人の自由意志で、アメリカに移住してきた女性たちを第2部にまとめた。ほとんどが実名だが、家族の病気などのプライバシーを守るために、匿名にした人がごく少数いる。また年齢は、インタビュー当時のものである。

1章が、1人の女性のストーリーから成っている。従って各章が、それぞれの女性たちが今なお背負っている祖国の国情や文化を反映して、趣きの違うものとなった。と同時に、出身国も違い、人種も違い、年齢や職業や教育レベルも違っているのに、二つの祖国を持つ女性としての共通点が現れてきたのは、新しい発見だった。

インタビューをした女性は、以下の条件を満たした人たちである。

1. アメリカ生まれでないこと。
2. 赤ちゃんや子供の時に来た人ではないこと。少なくとも十代以降に来た人。
3. アメリカに5年以上住んでいること。
4. 原則として1国から1名で、なるべく違った職業であること。

アメリカで生まれたり、幼い時にアメリカに来てアメリカの幼稚園や小学校に行った人は、文化的にもアメリカナイズされてしまっていて、アメリカ人との区別がつきにくい。また、移住して最初の5年間は、まだ「滞在者」の気分で、新しい土地に定着しているとは言い難い。4番目の条件は、出来るだけ異なった国や職業の女性をインタビューして、共通点や相違点をさぐりたかったからである。

本書は、自分で選んだにせよ、外部の状況に追いつめられたにせよ、祖国を飛び出して運命を切り開いた勇気ある女性たちが、異文化に適応するばかりでなく、それを肥やしにして生きるさまを、自分の言葉で語ってくれたのをまとめたものである。彼女らの祖国の「歴史」も、背景として挿入したが、第1部第3章のユダヤ人女性と、第4章のパレスチナ女性の経験した「歴史」がいかに正反対であるかを見ても、彼女たちにとって**「自分が経験した事実」こそが歴史なのだ**ということが分かる。それに基づいて自分の行動を決めていくのだということが。だから、彼女たちの歴史観や人生観に批判を加えることは、まったく本書の目的ではない。インターネットで世界が縮んでゆく現代、世界が分かり合うことはまだまだ難しいが、私は彼女たちを知ったおかげで、異なった国や文化圏から来た人々が、身近に感じられるようになった。皆様もそう感じられればさいわいである。

ロスアンゼルスにて

楠巳　敦子

第1部

第1章　トゥラン——コンピューター・プログラマー（ベトナム）

（トゥランは19歳でアメリカに移住し、現在47歳。結婚していて18歳の息子がいる。）

トゥランは、ラベンダー色のセーターにベージュのパンツという、カジュアルだがシックな服装で、飲んでいたコーヒーから顔をあげて微笑んだ。お化粧っ気が全くなく、髪も無造作なオカッパだったが、左手の薬指に、かなり大きなダイヤが三つ並んだ指輪が光っていた。指輪のせいばかりでなく、彼女にはそこはかとない気品がただよい、かつては良い暮らしをしていたのではないかと思わせた。ある晴れた休日の昼下がり。場所は、ロスアンゼルス郊外の静かな住宅街に近い、スターバックスのコーヒーショップである。

自己紹介の後、二言三言話すうちに、トゥランは知的で堅実で、コンピューター・プログラマーのイメージにぴったりの人に見受けられた。だが彼女から発散する、あたかも時間が停止してしまったような静謐《せいひつ》な雰囲気は、一体何なのだろう。インタビューは、休日の混みあって騒々しいコーヒーショップでおこなわれていたから、それに対抗して、彼女もかなり大きな声で喋っていた。にもかかわらず、回りの喧騒を超越した平和な静けさが、彼女を取り巻いているようだった。彼女と、その背後の人気のない休日の通りと、緑の並木とが、周囲から隔絶されて、一幅の平和な絵を構成しているかのように見えた。そしてそのイメージが、ふと昔映画で見た、時の流れを超越してたゆとうメコン河をほうふつさせたのである。

トゥランは、ベトナムの首都だったサイゴン市の出身だ。父は裕福なビジネスマンで、中国からベトナムに来て住みついた中国系ベトナム人だった。サイゴンが、1859年にフランスに陥落し、インドシナ全体が1887年にフランスの保護領になって以来、この地方にはフランス文化の影響が今も根強く残っている。そしてベトナムが、1954年に南北ベトナムに分かれた後も、南ベトナムは引き続きフランス文化を享受した。サイゴンの富裕階級は、子弟をフレンチ・スクールに通わせることを、一種のステータスシンボルとした。そしてトゥランもその恵まれた子弟の一人だった。

トゥランは広大な邸宅で、メイドが何人もいる特権階級の幸せな子供時代をすごした。フレンチ・スクールはとても学費が高かった。それもその筈、教師から教材、制服に至るまで、すべてフランスからの直輸入だったからである。それでも、トゥランだけでなく、裕福な中国系ベトナム人の子女のほとんどが通った。フレンチ・スクールは、当時サイゴン市内だけでも百校くらいあった。

まもなく、中国語よりもフランス語のほうが、トゥランの口から自然に出るようになった。家で両親と話すときは広東語で喋ったが、まずフランス語で考え、それを広東語に訳してから話すようにした。それを聞いて、父はパニック状態に陥り、トゥランに、「お前は中国人なんだよ。だから中国人が話すように、中国語を話さなきゃだめじゃないか。お前のはまるで、外国人が中国語を喋っているようだ。」と言った。考えた末に父は、中国人の家庭教師を雇って、娘に中国語を教えこんだ。その上、娘を夜間の語学学校にも通わせて、中国語を習わせた。

トゥランはフレンチ・スクールで、英語を第二外国語として学び、また夜間の語学学校でも、中国語と共に英語も習った。そして勿論、ベトナム語も街で始終耳にしているから、自然に覚えた。それに召使らはベトナム語しか喋れなかったから、彼らとの会話はベトナム語でなければ通じなかった。だからアメリカに来る前に、トゥランはすでに、フランス語、中国語、英語、ベトナム語の４ヵ国語に堪能だったのだ。ちなみに、インタビューをした時の彼女の英語は、文法も発音も完璧で、中国語のアクセントも無かった。いまどき、これほどきちんとした英語を喋る人は、それを商売としている人は別として、アメリカ人の間でも少なくなっているかもしれない。

中国や韓国などのアジア人の家庭では、いまだに親の教育熱は、娘よりは息子の方に、より多く注がれることが多い。しかし、トゥランの場合は違っていた。女でも勉強したければさせてもらえた。それればかりでなく、家庭教師をつけたり、語学学校に通わせたりして、息子と変わらぬ教育熱を、親がトゥランに注いだことがわかる。だが、一般のベトナム女性の地位は、当時も今も変わらない。「ベトナム人はとても子沢山なので、女性は食料の買い出しに出かける以外は家に居て、子供の世話をすることになっています。そしてベトナムの女性は、アメリカの女性ほどは尊敬されていないと思います」とトゥランは言う。彼女は裕福な中国系ベトナム人だったので、一般ベトナム女性のたどる道をたどらず、男子と平等の高い教育を受けることが出来たのだ。これはベトナムが当時、伝統的な中国文化よりもフランス文化の影響下にあったからである。

ちなみに、中国人は東南アジア全体に浸透していて、どこの国にも中国人がいる。だが、インドネシアで生まれようとマレーシアで生まれようと、あるいは生後それらの国に移住してきて、インドネシア国籍やマレーシア国籍になっていようと、中国系は中国人であることに誇りを持っていて、「私は国籍はインドネシアだが、実は中国人」と、聞かれもしないのに言うことが多い。トゥランもそうだった。インタビューの初めに出身国をきいたら、「ベトナム」と答え、即座に「でも私は中国人です」と付け加えて、自分の名前を中国語で「美珠」と書いてくれた。東南アジアでは、中国人が多数派を占めるシンガポールはもとより、インドネシアでもマレーシアでも、少数派の中国人がその国のビジネスの中枢を占めていて、彼らはしばしば富裕階級を構成し、教育程度も高く、自分たちは貧しく無学な土着民とはちがうというプライドを、ひそかに持っているようだ。

ベトナムは第二次大戦中、日本にも占領されていたが、敗戦により日本はベトナムから撤退した。だが長らく支配者であったフランスは占領を続け、独立を主張するベトナムとの間にインドシナ戦争が勃発した。これを終結させたのが、１９５４年のジュネーブ協定で、ベトナムは南北に二分された。ところが南ベトナムが協定で決められた統一選挙に応じなかったため、ホー・チ・ミンを首班とする北ベトナムのゲリラ及び南ベトナム解放戦線（ベトコン）が、南ベトナム政府に武力抗争をしかけてきた。これが、１９６４年にアメリカが大規模に介入して南ベトナムの後押しをしたベトナム戦争に発展するのだ。

１９５０年代の終わりに生まれたトゥランは、まさしくこの抗争と共に成長したことになる。しかし幸いなことに、彼女はその衝撃を経験することもなく成長した。ただ一度の例外は、南ベトナムの１００もの町や都市が、北ベトナム政府とベトコンの合同軍に攻撃された１９６８年のテト攻撃の時である。この時トゥランと家族は、危険を逃れて田舎にある親戚の家に身を寄せたのだった。

１９７３年に調印された和平条約を無視して、北ベトナム政府軍は１９７５年４月、サイゴンに進軍し、1976年7月、ベトナムは共産主義国家として統一された。サイゴン市は、国民運動の指導者の名前をとって、ホー・チ・ミン市と改名された。

ここに至って、トゥラン一家の生活は、まさに劇的な変貌を遂げた。フレンチ・スクールや、白とブルーのシックな制服や、メイドとは完全におさらばだった。それどころではない。生活のすべてが共産主義政府に奪われてしまったも同然となってしまった。週に何日かは停電するようになった。政府が戦力に使うため、電力を蓄えようとしたためだ。自由企業は許されなくなり、トゥランの父は、その事務用品製造会社を経営できなくなった。家には高価なフランスの書籍が沢山あったが、家族の誰一人、何の仕事もしていなかった。ある日のこと、父が、「ああ、食料を買うための金も無い」とこぼした。ベトナムでは人々は毎日、マーケットにその日に獲れた魚や野菜を買い出しに行くのが習慣だったのだ。そこでトゥランは、家にあった膨大なフランスの書籍を、少しずつ持ち出して売った。これまで何でも欲しいものが手にはいり、自分のことだけしていればよかったトゥランが、家族のその日の食糧を得るために本を売るというのは、忘れがたい衝撃的な経験だった。だが、まだまだこれは序の口だった。

間もなく政府の命令で、トゥランは絨毯工場で働くことになった。彼女の給料は、1ヵ月5ピアスターだった。これは、ボール一杯のスープが買える金額だった。当時、1ピアスターは1万分の1ドルだったのである。トゥランの父は働きに行かなかった。1ヵ月働いて、やっとボール一杯のスープが買えるだけの金を稼ぐために、働きに出かけて行くだけの気力が残っていなかったのだ。

トゥランは、高校卒業証書に相当するフランスのバカロレアートを授与されたばかりだった。大学に応募したのだが、入学試験の問題は全部、共産主義を謳歌するような政治問題になっていて、彼女は不合格となった。


トゥラン一家は、ベトナムからの逃亡を何度か企てた。彼らのような元有産階級ばかりでなく、労働者や貧民層も共産主義を嫌って、何とか脱出しようとしていた。ある日トゥラン一家は、家族7人全員が夜陰にまぎれてボートで近くの島まで逃げ、沖を通る外洋船が見つけて救ってくれるのを待った。だが一週間分の手持ちの食料が尽きた時、ふたたび危険を犯しながら戻らざるを得なかった。

しかし、1978年の11月、ついにトゥラン一家はベトナムを去ることが出来た。これは政府が正式に許可をくれたわけではない。共産主義政府の堕落した役人たちに賄賂《わいろ》を渡して、一家が逃げるのを見て見ぬ振りをしてもらったのである。その上一家は、脱出用のボートを、自前で調達しなければならなかった。

一家が正確にいくらの賄賂を渡したかを、トゥランは詳しく語った。

「家族一人につき、1オンス（約31グラム）の純金を15枚渡さなければなりませんでした。

私たちは7人家族でしたから、それを7倍したものが賄賂の総額だったのです。」

金の価格は最近大幅に上昇し、1オンス1000ドル以上しているようだが、1978年当時の価格は、1オンス199ドルとある。これで計算すると、トゥラン一家は約2万1000USドルを払ったことになる。こんな大金は、当時トゥラン一家は持っていなかったが、幸い父の友人の一人に船主がいて、このような非常事態でもうまく立ち回って財産を失わずにいたので、彼から借りて賄賂を調達し、アメリカに着いてから何年もかかって返済した。トゥラン一家は賄賂を払って「おおっぴらに」脱出できたが、大勢のベトナム人にはそのオプションは無く、真夜中に、吹けば飛ぶようなはしけで、運を天に任せて命を張って脱出した(1)。

トゥラン一家は自前のボートでマレーシアにたどり着き、ユニセフが運営している難民キャンプに収容された。キャンプ地には、大きなテントがいくつも張られていて、難民たちはその中で、地面に手持ちの布を敷いて暮らした。キャンプ地は海岸のすぐ傍にあって、2メートルも掘ると海水が湧き出てきた。こんなところの地べたに、一家は半年も寝泊りしたのだ。湿気がトゥランの体を突き抜けた。そのせいか、今でも時おり背中から腰にかけて痛みが走る。トゥランはこの痛みを、持病だと思ってあきらめている。難民たちは、米やいわしや豆などの食材を、一日3食分与えられて、炭火を起こして自炊した。そして配給されたさやいんげんを地面に植えて、芽が出てくると、それを野菜として食べた。

米国、カナダ、オーストラリアなどの国の代表たちがキャンプ場にやってきて、難民の移民申請書を審査し、誰をどの国に移住させるかを決めた。誰一人として、脱出してきた国に送還された者はいなかった。どの国からも引き受けてもらえなかった者は、米国が引き受けた。

実は当時をさかのぼる一年前に、トゥランの姉と弟が、首尾よくアメリカに移住していた。それで彼らがスポンサーになって、一家は難民としてアメリカに入国を許可された。姉と弟が来る前は、叔父が1975年にアメリカに来ていたので、叔父が彼らのスポンサーとなった。一体、彼らはどうやってアメリカに来られたのか。政府が脱出をおおっぴらに見逃すというのは、1978年の終わりまでなかったので、彼らは危険を犯して逃亡したのである。同じ頃逃亡した者の中には、ボートが転覆して溺れ死んだり、殺された者もいた。

バンク・オブ・アメリカで働いていたトゥランの弟が、一家が住める場所をすでに用意してあった。ロスアンゼルスに初めて来た時の印象で、今もトゥランが昨日のことのように覚えているのは、ある大きなドラッグストアに行った時のことである。ベトナムでは、いつも買い物のたびに、万引きするのではないかと店の人にジロジロと見張られた。そして、たとえ大きな店でも、店員に商品をいちいち手渡して貰わないと買えなかった。ところがアメリカでは、店に入って欲しいものをショッピング・カートに放り込めるだけ放り込んで、最後にレジでお金を払えばよかった。誰一人ジロジロ見る者もいない。なんたる自由！　なんて素晴らしい！

これが、トゥランがアメリカで初めて経験した自由の味だった。アメリカに来るまでの3年間、彼女の自由は、ベトナムの共産主義政権によって、著しく制限されていた。いつも家族手帳を携帯して、検問で要求されれば見せなければならなかった。すぐ隣の町に行くのにも、いちいち許可を得なければならなかった。許可無く外出して検問でばれたら、家族全員が危機に陥る。だからアメリカに来て、ただ行きたいところにどこでも行けるというだけで、トゥランは途方も無い自由を得たような気分を味わった。

若く、英語も堪能なトゥランは、新しい国に水を得た魚のように適応していった。それでも些細なことで、新天地の文化にまごつくことがあった。今でもよく覚えていることがある。パサデナ市立大学に入学してから、学費の一助にするために、音楽学部で働くようになった時のことだ。そこでトゥランは、年長の女性のスーパーバイザーに紹介された。彼女は「私をクリスと呼びなさい」と言った。アメリカ人は、人を苗字でなく名前で呼ぶことが、親しみを表すと思っている。いつまでも苗字で呼び続けていると、よそよそしいと勘違いされることさえある。だからこの年長者は、好意から、トゥランに自分を名前で呼びなさいと言ったのだ。ところでベトナムでは、日本でと同じように、家族以外の他人を名前で呼び捨てにする習慣はない。まして年長者であれば、苗字で、しかも「先生」などと敬称をつけて呼ぶ。その人の年齢や地位に応じて、尊敬の念を込めて呼ぶことになっているのだ。「だのにこの女性は60代で、しかも私の上司なのに、クリスと呼びなさいなんて……」とトゥランはあっけにとられた。「名前を呼び捨てにするなんて、失礼だと思いませんか？」と私に同意を求める。結局、トゥランは最後まで、この上司をクリスと呼ぶことができなくて、ミセス・フラッペでとおしてしまった。大学を卒業して就職をしてから、徐々に「まアこれが彼らの文化なんだから」と名前を呼び捨てる習慣を受け入れるようになった。

トゥランは、パサデナ市立大学に入学してから2年後に、ＵＣＬＡ（カリフォルニア大学ロスアンゼルス校）に転入した。これは移住してきたばかりの者にとって、かなりの偉業なのだ。というのは総合点で全米でも高い評価を得ていて応募者の多いＵＣＬＡは、ごく少数の転入生しか受け入れないからである。専門分野を決めるにあたって、彼女は現実的な決断を下した。文学が好きだったが、文学専攻ではお金を稼げないのではないかと思った。一家は全財産を失ってしまっていたので、彼女は真剣に職を得ることを考えなくてはならなかった。彼女は数学が得意だった。これがコンピューター・サイエンスを選んだ理由である。

卒業後、彼女はコンピューター・プログラマーとしてＩＢＭに就職し、現在に至っている。結婚して、18歳になる息子が一人いる。一家は、私たちが出会ったコーヒーショップの近くの、比較的裕福な中国人が多数住んでいる住宅地に住んでいる。トゥランは、アメリカに来てから自分が達成したことを、とても誇りに思っている。

トゥランの夫は郵便配達夫である。たいていの人はこれを聞いて、ちょっと驚いた顔をする。トゥランがコンピューター・プログラマーで、有名な大企業に就職しているとなると、ご主人も同じような背景の人を想像するからだ。だがトゥランの夫も、ベトナムを脱出した中国人で、アメリカに来る前に、彼女と同じ悪夢のような経験をした。その意味で、2人は同じような背景を共有していることになる。さらに意外なのは、トゥランはアジア人にありがちな階級意識に縛られることなく、他人の目から見て体裁がどうだとかに縛られることなく、自分の自由意志で結婚相手を選んでいることである。「私の世代では、自分の選択する人と結婚できました。見合い結婚はもうありませんでした」とトゥラン。ここにも西欧文化がベトナムの子女に及ぼした影響が見られる。西欧諸国の植民地となったベトナム、フィリピン、シンガポールなどの東南アジアの国々の女性は、植民地とならないで儒教の伝統を受け継いだ台湾や日本や韓国の女性と比べて、教育や結婚観において伝統文化に縛られることがはるかに少ない。たとえば台湾からの移民女性グレイス（第2部第3章）は、トゥランと同年齢で、しかも同様に上流家庭の出身だが、彼女らの両親が娘に期待する結婚観は、隔世の感がある。

トゥランがアメリカで一番好きなことは、「機会があること」である。彼女はＵＣＬＡへの合格を通知された時、アメリカはお金が無くても機会を与えてくれる国だと思った。例えをあげれば、ベトナムではお金がなかったら、どんなに頭が良くても大学に入るチャンスはなかった。ベトナムでは、お金のほうが知性より大事だとトゥランは主張する。大学の学費はとても高い。学費がいかに高いかの例として、トゥランは自分の通ったフレンチ・スクールの例をあげた。そこは１ヵ月の学費が２４００ピアスターだった。家の住み込みのメイドの給料が、１ヵ月一人につき８００ピアスターだったから、学費はメイドに払った給料の3倍もした。だから子供を学校にやるには裕福でなければ出来なかった。

もっともトゥランは私立学校にしか行かなかったから、ベトナム人の学校や公立学校のことは知らない。それにアメリカやそれ以外の国でも、裕福な家庭の子女はそうでない家庭の子女よりも、より良い教育を受ける機会が多いのはベトナムと同様だ。しかしアメリカでは、奨学金や補助金制度が数多くあって、進学しようと思えばずっと沢山の人にそのチャンスがある。ベトナムでは教育費は、ほかの物資にくらべてずっと高価であったらしい。そのせいか、１９９９年の統計では、ベトナム人の大学進学率は、中退も含めてたった４・３％だった。（日本人は同じ時期に約35％）

トゥランは、アメリカに来て以来27年間、一度もベトナムに帰ったことが無い。当分は祖国に行ってみる気も無い。祖国での昔の生活を懐かしいとも思わない。統一国家になる前は良い暮らしをしていたのは事実だが、脱出する前の3年間がとてもひどかったので、それ以前の良い思い出は全部消えてしまった。もとの良い暮らしを思い出していたら現実の苦痛に堪えられないので、その記憶を消そうとする人間の防御本能の働きなのだ。

ベトナムが共産主義国家となってから30年になる。一世代経つ間には、共産主義政権下でありながら、ベトナムも変貌をとげた。最近では、欧米諸国に投資を要請したり、国際社会に貿易の機会を求めたりして、「軟化」しつつある。ベトナムにトゥランの従兄弟がまだ何人かいるが、かれらの暮らしぶりは、トゥランが居た頃よりは良いようだ。「今はオーケーみたいですね」とトゥランは言ったものの、それでもベトナムに、今の彼女の自由があるとは思わない。トゥランたちは一家そろって、一年に一度海外旅行に行く。これまで中国やヨーロッパなどに行ったし、カリブ海での船旅も満喫した。トゥランたちは何時、どこへ行くのも何をするのも自由だし、働けば働くだけお金は入るし、それで何を買おうと何を食べようと自由だし、人生を謳歌している。彼女はこういう生活は、ベトナムでは現在でも出来ないと思っている。

それではアメリカの国や市民について、トゥランが嫌いなことはないのかというと、彼女は首をかしげて考えていたが、結局何ひとつ挙げることが出来なかった。ベトナムで経験したことに比べたら、アメリカに不平など言えたものではないと笑う。トゥランはいまだに、ベトナムを脱出できないでいる悪夢にうなされることがある。最近はそれほど頻繁《ひんぱん》ではないが、それでもときたま「奇妙な夢」を見ることがあり、目覚めてほっと安堵する。

統一国家になる以前のベトナムで、トゥランが最もいやだったのは、南ベトナム政府にまかり通っていた賄賂の習慣だった。ベトナムでは、何をやるにつけても賄賂を払わなければならなかった。これは共産主義者が来る以前のことである。そして、これが南ベトナムが国を失った一番の理由だと、トゥランは思う。つまり賄賂さえもらえれば、政府の役人たちは、誰にでも好き勝手なことをさせたのだ。品質や能力によってではなく、受け取る金の高によって、すべてが決定した。設備も、人員も、それこそ戦争のプランもすべてがである。この賄賂の習慣は、いまだに東南アジア諸国の文化の一端であることが、本書にとりあげた他の女性たちの証言からも覗える。

過去3年の間、トゥランは自宅で年老いた自分の両親の世話をしている。母親は歩行が不自由で、トゥランが外で働いている間は、看護人が母親の面倒を見ている。だから、ベトナムやベトナム人について好きなことを訊かれると、即座に「家族の間柄が緊密で、お互いに面倒を見合うこと」と答えた。アメリカのように、18歳になったら自立して、親が面倒を見ないというのとは違うと。ベトナムでは、というより中国人は、とても家族の絆が強い。トゥランの夫は、彼女の両親にとても良くしてくれる。

トゥランは、家では中華料理とベトナム料理を作り、中国語で会話をする。だが18歳の息子は、家でも英語でしか話さない。彼はアメリカ生まれなのだ。では母子は何語で会話をするのだろうという疑問が湧く。

「息子さんは、あなたに英語で話しかけるんですか」と訊くと、

「ええ、そうですよ」とトゥラン。

「で、あなたは何語で応えるのですか?」

「中国語です」と彼女は平然と答えた。

そこで始めて彼女は、ことの可笑《おか》しさに気付いたように笑ったが、こんな会話が平然と行われるのは、移民の国ならでこそだろう。なるほど、言葉は何語であるかは問題ではなくて、通じることが目的なのだと思い知らされた。

トゥランは、アメリカに来てから経験した素敵な思い出を、一つだけ話してくれと言われると、映画の一こまを切り取って出せと言われたようで、困惑する。彼女にとって、アメリカでの素敵な思い出は、映画のように続いているのだ。「だって私はここ（アメリカ）で、とても素敵な生活を送っているんですよ。とても幸せな結婚をしていますしねぇ。夫と私はとても愛し合っていますから。」

彼女は他の人たちに比べて、とてもラッキーだと思っている。「大勢の人がベトナムから脱出しようとして失敗しました。海賊に殺された人たちもいました。ボートが転覆して、

柵の中に閉じ込められて溺れ死んだ人たちもいました。私たちは、アメリカに来るために高価な代償を、時には命で払ったのです。」だから彼女はアメリカのすべてを受け入れるのだ。

彼女の同国人は、一部の人でも新天地で幸せに暮らせるよう犠牲になった。そして彼女は自分のためばかりでなく、亡くなった同国人に代わって今の幸せをかみしめている。3年間の悪夢のような生活が、今ではトゥランの価値判断の物指しとしてしっかり彼女の中に根を下ろし、それで計ればアメリカには何一つ非難する点は無いのだ。彼女から発散しているように見えた静謐な雰囲気は、彼女の幸せな毎日、そしてその幸せを心からかみしめている毎日が反映していたのだった。

（1）1975年から1979年の間に、約75万人の難民がベトナムから脱出しており、その過半数が中国系だった。

第2章　ヴィクトリア——高層賃貸アパートビル管理人（ロシア）

（ヴィクトリアは41歳の時アメリカに移住し、現在56歳。結婚していて、2人の息子がいる。）

ピチピチと肉感的な身体も軽やかに、ヴィクトリアはロングスカートをひるがえして、お客に空室を見せてまわる。それが終わると、自分の立派なオフィスに戻り、電話で次々と用件をさばいていく。彼女に会った人は誰でも、その威厳にやや圧倒される。よく通る声で、ロシア語のアクセントがいくらか残る英語で、理路整然とまくしたてられると、大の男でも引き下がる。こう言うと、いかついロシア女を想像されるかもしれないが、ヴィクトリアは小柄でむっちりとした、健康的な美人なのだ。

彼女は、100軒近くの賃貸アパートを擁する高層ビルの管理人である。その10階建てのビルは、ロスアンゼルス市を海岸からダウンタウンまで東西に貫通する大幹線道路であるウィルシャー大通りにあって、8人のドアマンが24時間体制で勤務している。彼女はそれらすべての総責任者なのである。

ヴィクトリアは、ウクライナの首都キエフで生まれ育った。ウクライナは当時、まだソビエト連邦の一部で、独立国となったのは、ヴィクトリアが母国を去った後だった。だから彼女は、今でも自分をロシア人と称している。彼女はキエフの大学で経営学を専攻し、卒業後は、大きな国営工場の経理部の主任として働いた。会計士の資格を持っていたからだ。女性が大学に行ったり、数学や理科系を専攻することは普通だった。また、大学の費用はすべて無料だった。

まもなく彼女は大学出のエンジニアと結婚し、キエフで夫と2人の息子と一緒にアパートに暮した。車もテレビもある中流以上の生活だった。当時ロシアで車を持つというのは、「大したこと」だったのだ。だがアパートはとても小さかった。寝室がひとつと居間だけの、実にちっぽけなアパートに、大きな息子を含めた親子4人が暮していたのだ。2001年に、「ピアニストのオリンピック」と言われるヴァン・クライバーン・ピアノ・コンテストで優勝したロシア人のピアニストが、インタビューで「両親と自分と息子の4人で、寝室が一つと居間だけの、とても小さなアパートに暮しています」と言っていたが、現在でも、住宅事情は全く変わっていないとヴィクトリアは言う。収入も家賃も多少は上がっているかもしれないが。

当時、ヴィクトリアの会計士としての月収が100ルーブル（アメリカドルに換算して

25ドル、約2000円）、アパートの家賃が20ルーブルだった。夫の収入もあったから、住居費は収入の20％も占めていない。だが生活は貧しかった。ヴィクトリア一家だけでなく、みなそうだった。共産主義の政府のもとでは消費物資が常に不足しており、その割には安くなかったからである。だからといって、ヴィクトリア一家が飢えていたわけでも、食品が戦時下のように配給制だったわけでもない。お金を払って好きなものを買うことが出来た。ところが「好きなもの」といっても、日本で言う「好きなもの」とはわけが違う。お店に行っても、肉や卵の棚は空《から》なことがよくあった。冬になると特に野菜と果物が払底した。野菜はあるとすれば、じゃがいもやきゃべつや人参など、年中同じ物だった。トマトやきゅうりのような季節野菜はほとんど手に入らなかった。パンだけ食べていても飢えるわけではないからと、ヴィクトリアはあきらめていた。飢えはしないが、来る日も来る日も同じ物を食べる生活。私たちが日本の大都市で、ロシア料理店などに行って喜んで、めずらしがって食べるボルシチ――あれがロシアの飢えを凌ぐ料理だったとは。ただしあれから肉や香辛料やサワークリームなどを取り除くと――それが彼らが食べていたものだが――いかに味気ない料理か分かるような気がする。

ヴィクトリアがアメリカに移住したのは、1989年1月11日だった。この日付を彼女ははっきり覚えている。移住の決断は家族ぐるみでしたが、容易ではなかった。ヴィクトリアはもう41歳になっていたし、夫はすでに51歳だったからである。それにヴィクトリアは大学で、英語を外国語として学んだが、夫はドイツ語を選択していた。だから夫にとっては、アメリカに行って英語で生活しなければならないことは大変なことだったし、今でも彼は英語に苦労している。

ロシアを捨てて移住することにした理由は、ヴィクトリアたちがユダヤ人で、差別されたからである。ロシア全体もそうだったが、ウクライナはもっとひどくユダヤ人を差別した。だからヴィクトリアは、子供の頃からずっと、自分は他の人たちとは違うと思って暮してきた。夫はテレビや電話の接続関係の仕事をしていたが、当然昇進できるべきなのに、昇進させてもらえなかった。ヴィクトリアも働いていたが、2人目の子供が生まれた後、元の職場に戻ろうとしても戻れなかったばかりか、2年間働けなかった。ユダヤ人だから、なかなか雇ってもらえなかったのだ。だから移住して、新しい人生を試そうと決めたのだった。子供たちにとっても、アメリカの方が、色々と機会に恵まれると思ったのだ。

何故ヴィクトリアがユダヤ人とわかったのかというと、ヴィクトリアたちのパスポートに「ユダヤ人」と書かれていたからである。ちなみにユダヤ人とは、もとは古代パレスチナを去って離散したユダヤ教徒のことだが、現在では、ユダヤ教徒の総称である。だから、色々な人種や民族のユダヤ人がいる。本シリーズにもイラン人のユダヤ人が登場する。

ところがヴィクトリアは、ユダヤ人といってもユダヤ教のことは何も知らない。ロシアは共産主義国で、政府は宗教を禁じていたので、ユダヤ人たちは礼拝堂に入ることすら許されなかったし、学校でも何も教えられなかったからだ。ただユダヤ人というだけで、ユダヤ教のことを何一つ知らないユダヤ人。それなのに差別されるのだから、全くひどい話だとヴィクトリアは憤慨する。

アメリカを移住先に選んだのは、ヴィクトリアの夫の母が、すでに10年前にアメリカに移住していたからでもあるが、もっと大きな理由は、アメリカが移民の国だからである。「アメリカは移民を受け入れます。それがこの国の素晴らしいところで、世界中の人が、このためにアメリカを愛するのです」とヴィクトリアは熱を込めて言う。ヴィクトリアは彼女を受け入れてくれたアメリカに、とても感謝している。彼女に言わせれば、アメリカ人は全員が、もとは移民して来た人たちで、それが1世代前か、10世代前か違うだけなのである。従ってヴィクトリアも、ほかのアメリカ人と全く変わらないのだと、彼女は誇らしげに言い切った。

しかしロシアからの移住は簡単ではなかった。国内は旅行出来たが、国外には誰も自由には出られなかった。まだ「鉄のカーテン」の時代だったからである。ヴィクトリアが移住する10年ほど前、ブレジネフ首相時代（1977〜1982）に、わずかに移住許可の「窓」が開いた。それはブレジネフ首相とアメリカとの間に、何か秘密の取引があったからだと、ヴィクトリアは噂に聞いた。そのチャンスをのがさず、ヴィクトリアの夫の両親はアメリカに移住したのだった。しかしブレジネフの時代が終わったら、その「窓」はピタリと閉じてしまった。やがてゴルバチョフ首相時代（1989〜1991）を迎えて、移住はずっとらくになったから、ヴィクトリアももう1、2年待っていたら、あまり苦労せずに来られたのかもしれないが、ヴィクトリアにその思いは全く無い。それにその当時、ヴィクトリアに時代の変化の先読みが出来るわけがない。彼女のみならず、歴史や政治の専門家にすら読めなかったのだ。ゴルバチョフ時代のロシアの変化は、世界の驚きだったのだ。

さてヴィクトリアがアメリカへ移住するには、移民先からの「招待状」が必要だった。今で言うスポンサー、身元引受人のことだったのだろう。夫の母に「招待状」を送ってもらった。しかしロシアを出る時は、すべての財産を置いて行くように命じられた。現金すらも持って出てはいけなかった。当時20歳になっていた長男を、大学を出るまでロシアに残して、一家3人が持ち出すことを許されたのは、着替えを入れたスーツケース2個だけだった。夫婦の半生以上の人生が、いや、夫はすでに51歳になっていたから、彼の人生のほとんどすべてが、スーツケース2個になり下がってしまったのだ。そして彼らはまったくゼロからのスタートだった。当時を思い出したのか、ヴィクトリアは健康そうなばら色の顔を少し曇らせた。

文字通り裸一貫で、職も無く家も無く、アメリカに来て生活出来るわけがない。それを助けたのは、HIACというユダヤ人の支援団体である。ここが移住の申請書を出すことから、アメリカまでの飛行機賃、3ヵ月間の生活費のすべてをまかなってくれた。勿論これらは返済することが条件だった。

ロシアを出て、まっすぐアメリカに来られたわけではなかった。ロシアから直接アメリカ入国のビザは出なかったからである。アメリカからの「招待状」があっても、それは「ロシア出国の条件」だったにすぎない。アメリカ入国のビザは、ユダヤ人の支援団体が手配してくれたのだ。しかし最初に行ったところはオーストリアのウイーンで、そこに「難民」の身分で3週間の短期滞在が許された。そこからイタリアに渡り、そこにやはり「難民」として2ヵ月滞在を許された。最後にイタリアのアメリカ大使館からビザが下りて、アメリカに来たのだった。こういう段階的な移住の手続きを、ユダヤ人の支援団体が常套手段としてとっていたのであろう。しかしこれには、ユダヤ人救済の国際的協力がからんでいるように思われる。

ウイーンに入った時の印象を、ヴィクトリアは生涯忘れることはないだろう。或る日、家族でスーパーマーケットに入った。今から思えば、ごく小さなマーケットだった。しかしあまりの品数の多さに、その明るさと極彩色の美しさに、一家は呆然となった。やがて

10歳の息子が、「ママ、僕たちお伽の国に来たみたい」とささやいたものだ。

アメリカに入ったヴィクトリア一家は、はじめは夫の母を頼って、オハイオ州のクリーヴランド市に行った。ヴィクトリアは専門の会計学を生かして、アメリカの会計士の資格を取って働くつもりでいた。しかし夫の母は、「美容学校に行って、マニキュア師になりなさい」と言った。母が近所で見聞きしたのだろうか、「マニキュア師はとてもお金になるから」と言うのだ。ヴィクトリアは大学の学位を持っている。なぜマニキュア師にならなければいけないのかと反論した。すると義母は、「あなたの夫は51歳で、英語が全く出来ないのよ。アメリカで職が得られるわけがないでしょう。だからあなたが稼がなければだめなのよ」と言った。そこでヴィクトリアは、美容学校に通って、マニキュア師の資格を取って働いた。彼女は人を相手に働くのが好きだった。だから大勢お得意ができて、チップを沢山もらって、とてもいい収入になった。さいわい夫も、ほどなくロシア人が経営している会社で、電気工として働けることになった。

ヴィクトリアの故郷キエフでは、人は皆、道路を歩いていた。ヨーロッパの街やニューヨークのように。だがクリーヴランドでは、歩いている人など皆無に近い。みんな車を運転していた。だからヴィクトリアも運転免許を取ることにしたのだが、移住してから一番苦労したのが、この運転免許を取ることだった。アメリカで運転免許を取るのは日本よりはるかに簡単だが、アメリカの中心部といわれるクリーヴランドでは、特に当時は図体の大きな米国車がほとんどで、小柄なヴィクトリアは、あの巨大な鉄の塊をあやつることが怖かったのである。それにお金もなかったから、「事故でも起こしたら万事休す」、という思いもヴィクトリアをひるませた。

ヴィクトリアの夫は、キエフ時代から車を持って運転していたし、夫に運転させて、自分は全く運転しない奥さんたちがアメリカにもいる。何故ヴィクトリアもそうしなかったのかというと、一人で自由にどこにでも行きたかったから、自分で運転したかった。だから免許証が取れた時はとてもうれしくて、写真入りの免許証を一日に何度も取り出してながめたものだ。

ある日、それは免許証が取れた翌日で、まだアメリカに来て数ヵ月もたっていない時、はじめて一人で運転して就職試験を受けに行った。しかも大雪が降った日だった。試験場はかなり遠かったし、ヴィクトリアはヒヤヒヤしながら必死の思いでたどり着いた。そして面接が始まっても、今度はどうやって運転して帰ろうかと、それればかり考えていた。また雪が降り出したのが窓から見えたからだ。従って質問もろくに理解できなかったし、何を答えたのかも覚えていない。勿論不採用だった。

ところが今は、運転がとても楽しい。両側10車線もある広大なフリーウェイ（無料高速道路）を運転していると、限りない自由を感じる。見渡す限り、さえぎるものもない夕焼け空に向かって進んでいると、両側にやしの木がシルエットで浮かび上がってきて、こんな美しい風景があるのかと息を呑む。たまに雨が降っても、車庫から車に乗ってどこにでも行けるので、靴が傷むことがないのがうれしい。そういえばロシアでは、泥雪のため、半年間はまともな靴をはいたこともなかった……

ヴィクトリアに運転がそれほど困難に思えたのは、ひとつには他の面で困らなかったからである。英語は昔から得意で、アメリカに着いた日から困らなかった。相手の言っていることが、全部は分からないこともあったが、仕事に差し支えるようなことはなかった。それにロシアでも、ヴィクトリアはこれまで職場で困ったことがなかった。みんな彼女を好いてくれたし、彼女も人を相手に働くのが好きだった。職を得るのは難しかったが、職についてからはらくだった。

それでも移住したての頃は、英語で小さな失敗をした。まだヴィクトリアがマニキュア師をやっていた頃のことである。お客が「クリネックスをちょうだい (Give me Kleenex.)」と言った。クリネックスといえば、ティシューペーパーのブランド名だが、それがヴィクトリアには「クリニック」と聞こえた。ロシアではクリニックと言えば、病院のことだ。ヴィクトリアは、何故このお客は病院が必要なのだろうと思った。で、「どこか具合が悪いんですか?」と聞いたら、お客は鼻風邪でも引いていたのだろうか、「ええ、だからクリネックスをちょうだい」と言った。ヴィクトリアは、これはやっぱり病院を捜さなきゃだめだ、と思って真剣な顔で、アメリカ人の同僚に「大至急、病院に電話しなきゃいけないの。病院を教えて」と頼んだ。同僚がお客に問いただしたところ、病院ではなくティッシュペーパーなのだと分り、大笑いとなった。

　またある日のこと、別のお客が「息子がコンドを買ったのよ」と言った。コンドというのは「コンドミニアム」の省略形で、日本でいうマンションに相当する。だからお客は「息子がマンションを買った」と言ったのだ。ところがそれを聞いたヴィクトリアは目を丸くして、「えっ、息子さんコンドーム買ったんですか」と聞いたそうな。コンドームのことを英語では「コンドム」と、コンにアクセントを置いて短く発音する。「ム」はほとんど聞こえない。だから「コンド」との違いは、日本語で聞くよりずっと小さいのである。

　このように、ヴィクトリアの初期の英語のトラブルは、英語を知らなかったというよりは、クリネックスとかコンドという文化現象を知らなかったことによる。これは、母国で英語をかなり勉強した人でも、アメリカに来たての頃は共通して経験することだ。

　ところでクリーヴランドは気候が厳しい。カナダとの国境となっている五大湖の一つ、エリー湖に面していて、半年近く雪が降る。夫の健康のためによくないので、ヴィクトリア一家は2年後にロスアンゼルスに移ることにした。キエフも寒かったはずだが、むしろキエフを思い出させたので、いやだったのだろうか。ロスアンゼルスでまた一からスタートだった。

ロスアンゼルスに行ったら、ヴィクトリアは生活をすっかり変えるつもりだった。マニキュア師の仕事は、自分の天職ではないと知っていた。お客にマニキュアをしながら、まわりを見渡して、自分はこんなところで一体何をやっているのだろうと、はがゆく思った。ヴィクトリアは大学に通って、9ヵ月でアメリカの会計士の資格をとった。そして小さな会社の会計士の職を得たが、マニキュア師の仕事もお金のために続けた。アパートの家賃が、すごく高かったからである。

初めはハリウッドの、ロシア人の多いアパートに住んでいた。そのビルを管理していたのもロシア人だった。それで、これは自分でもやれる、とヴィクトリアは思った。そしてほどなく、市の中心から少し離れた、ヴァレーとよばれる地域の小さなアパートのビルに、管理人の職を得た。同時に、観光客用のギフトショップの簿記係の職も得た。彼女はいつも二つの職場を、掛け持ちで働いた。

それからが、いかにも彼女らしい。ヴァレーに住んでいるだけでは、だめだと思ったのだ。ヴァレー（「谷」という意味）と呼ばれる地域は、その名の示すとおり盆地なので、夏は猛暑に襲われ、冬は寒く、文化的にもあまり垢抜けたところとは言えない。ヴィクトリアは、息子をビバリーヒルズ高校にやりたくなったのだ。ビバリーヒルズ高校は、テレビの人気番組「ビバリーヒルズ９０２１０」の舞台となった高校で、公立学校でありながら、富裕階層の住むビバリーヒルズの子弟が通うためか、優れているとされている。俳優など有名人の子弟が大勢入っており、クリントン元大統領のセックス・スキャンダルで騒がれた、モニカ・ルウィンスキーも行った学校だ。

ヴィクトリアは早速、ビバリーヒルズ・プロパーティというビル管理会社の管理人募集に応募した。この会社は、100軒ものビルを管理している大企業である。20人もの応募者が来ていて、ロシア人はヴィクトリア一人だった。しかし彼女が採用された。そして彼女は、ビバリーヒルズのある小さなビルの管理人となり、そこで6年間働きながら、同時にある銀行の窓口で働いた。彼女は会計士の資格を持っていたので、やがてその銀行で貸付係に昇進した。そして、そのうちに息子もビバリーヒルズの高校を卒業した。

しかしヴィクトリアは、もっと大きな仕事をしたくなった。彼女の管理していたビルは、ごく小さなビルだったので。それに、二つの職を掛け持ちすることはだんだんきつくなってきた。夫も配電工としての職を得ていたから、ヴィクトリアは一つの大きな仕事に専念したくなった。そこで彼女は上司に直接掛け合った。「私にもっと大きなビルを任せて下さい。それに私は自分のオフィスが欲しい」と。すると2週間後に、現在のビルを任せてくれた。大きな専用オフィスと共に。ビル内のアパートの一軒も住居として提供された。

それ以来、彼女はここですでに7年近く働いており、今では、管理会社のどのマネージャーよりも古顔になった。

ヴィクトリアはアメリカに移住して以来、現在の職場につくまで、ずっと二つの職場を掛け持ちで働いた。ユダヤ人支援団体への返済金があったし、アメリカに移住してから1年後には長男が、2年後には彼女の年老いた父と義母も、アメリカに移住して来たからである。次男を希望の高校に入れるために移り住んだビバリーヒルズは、家賃も高く、税金も高かった。（ただし授業料は公立学校だから無料。）ヴィクトリアは自分の願望を実現するために、猛然と働いたのだ。

そして1995年に、ヴィクトリアとその家族は、アメリカの市民権を獲得し、晴れてアメリカ国民となった。彼女のブルーのパスポートには、もう「ユダヤ人」とは書かれていない。

ヴィクトリアが夢にまで見たアメリカは、彼女を失望させなかった。予想していたとおりの国だった。だが一つだけ、彼女が理解に苦しむことがある。それはアメリカでは、働いている人も働いていない人も、同じように医療保護が与えられているばかりか、働いていない人の医療保護の方が優れているとさえ思えることだ。アメリカの労働者は、ある年齢に達すると「メディケア」という医療費援助制度を受けられるが、かかった医療費の何パーセントかは負担しなければならない。ところが生活保護を受けている貧困者や失業者には、「メディケイド」という医療援助制度があって、これは手術、入院、薬代まで、かかった費用を全額政府が負担してくれる。「メキシコから二人も三人も子供を連れて来た無職の女性が、ＭＲＩのような検査まで無料で受けるのに、私が受けようとすれば、何百ドルも負担しなければならない」とヴィクトリアは不満をあらわにし、だからメディケイドのほうがメディケアより優れていると主張する。(2) ロシアでは、アメリカのように働かない者に社会福祉援助金が出ることはない。現在どうなっているのかヴィクトリアは知らないが、彼女がロシアにいた時は全員労働報酬制だった。それは安いサラリーだったが、労働に対する報酬には違いなかった。「失業者は？」ときくと、「ありません！」と断固とした答が返ってきた。

しかし全体としてアメリカは、世界中から集まっている多種多様の人間を治めるのに最高のシステムを敷いている国だとヴィクトリアは思う。北欧の国々は、アメリカよりずっと社会保障が整っていることで有名だが、ヴィクトリアに言わせると、北欧の国々は小さな国だし、第一移民を受け入れないから、アメリカのように巨大で多様な国よりは、ずっと治めやすいはずである。

そのアメリカで、ヴィクトリアが一番好きなのが、アメリカ人の明るさである。クリーヴランドでつくづくそう思った。人に出会うとみな、「ハーイ！」「グッドモーニング！」などと挨拶をして、実に明るい。母国では、「皆こんなむずかしい顔をして歩いています」

と、ヴィクトリアは眉根に皺をよせて、睨《にら》み付けるような顔をしてみせたので、私は思わず吹き出してしまったが、実際笑い事ではないのだ。キエフの食料不足は深刻で、つい最近も、まさにヴィクトリアがしてみせたのと全く同じ顔をした主婦たちが、一様に黒っぽいオーバーに身を包み、深い雪の中に行列して食糧を買おうとしている写真が新聞に載っていた。

しかしヴィクトリアは、みんなと違っていた。「私はハッピーな人間なんです」とヴィクトリア。だから自分の性格が、自分の国と合わなかったのだと思っている。いつも自分の国なのに、「監獄に入っている」ような気がしていた。

ほかにヴィクトリアがアメリカで好きなのは、すべてがオープンであること、また「誰もが太陽のもとに、平等に自分の場所を持てること」である。お金を沢山持っている人も、ほんの少ししか稼げない人も、同じように、堂々と自分の生活をエンジョイできる。まったく卑屈になる必要がない。それが、この国の素晴らしいところだと思う。

逆に、この国のいやなところは、弁護士が金もうけのためだけに訴訟をしまくることである。ただし、不正な行為が公に裁かれるのは良いことだし、自分が不当に扱われた時に、訴えることが出来るのは大変良いことだ。アメリカでは、無名の一般市民でも安全に暮せる。市民をだましたり、危害を加えようとする者は、たとえそれが有名な大企業であっても、市民が弁護士のところに行って訴えることを知っているから、いい加減なことは出来ない。これはよいことだと思う。祖国には、こんな制度はなかった。政府や警察は、ヴィクトリアたちを理由なく殺すことだって出来た。

これは、ただの噂ではないと、ヴィクトリアは身近な例をあげた。彼女の夫の叔父が、仕事からの帰途、路上で倒れた。年取っていたので卒中を起こしたのだ。警察が来て、まだ生きている叔父を、調べもせずに酔っ払いと決め付けて、殴って殺してしまった。アメリカでこんなことが起こったら、裁判で訴えるなり、調査をするなりするだろう。しかしヴィクトリアの祖国では、そんなことは考えられもしなかった。「まったくの殺され損です」とヴィクトリア。訴えることはおろか、文句を言うことさえ許されなかった。

ロシア政府は国民を、新聞やテレビを通して統制していた。ヴィクトリアがいたころは、テレビのチャンネルは2つしかなかったし、国民は政府が見せたいものを見せられていた[3]。政府が国民の人生を、すべてにわたってコントロールしていて、国民は政府が望むような生き方しかできなかった。

ヴィクトリアの祖国である旧ロシアのウクライナ、現ウクライナ共和国は、黒海の北岸に面し、4世紀頃スラヴ人が定住した。ポーランドやロシアに占領される歴史を経て、1918年、ロシア革命の後に独立国となった。しかしロシア軍が再び奪還して、1922年にソヴィエト連邦が成立した時、最初の共和国の一つとなった。だが1991年、ソヴィエト連邦崩壊と共に、再びウクライナという独立国となった。だからヴィクトリアが住んでいた頃は、まだロシアの一部だったし、彼女自身も自分をロシア人と思っている。

ヴィクトリアは祖国を愛している。「でも私は祖国を捨てたんだから、多分愛し方が足りなかったんでしょう」と、あたかも恋人を捨ててきたかのような言い方をして、「マイ・プア・カントリー」と大きくため息をついた。「プア」というのは、「貧しい」とも「あわれな」とも「かわいそうな」とも「情けない」ともとれる言葉なので、彼女の祖国に対する心情がよく現れている。しかし首都キエフは、9世紀頃勃興した由緒ある都市で、世界的に有名なキエフ・バレー団もある。ヴィクトリアは、その祖国の古い文化を愛しており、特に美術館に行くのが好きだった。レニングラード、現在のセント・ペテルブルグには、世界に名高い素晴らしい大美術館がある。彼女はキエフからレニングラードに通って、その美術館めぐりを堪能したものだ。当時、ロシア国内を旅行するのは自由だったから。

ヴィクトリアは祖国を愛してはいるが、全く未練はない。祖国を去ったことを後悔したことも全くない。将来帰って住むことも無い。というより、もうヴィクトリアには出来ない。祖国がどう変わったか、帰って見てみたいとすら思わない。「私、ここで幸せなんですよ。なんで帰る必要がありますか?」

ただし、母のお墓がキエフにあるので、将来そこを訪れることは、あるかもしれない。

ヴィクトリアが祖国を去ってから、祖国の人たちの一部が大きく変貌した。彼女は祖国に帰ったことはないが、祖国のニュースは追っているし、遅れて移住してきた妹が去年祖国を訪れて、状況を姉に詳しく報告してくれたからだ。一番大きな変化は、金持ちのロシア人が増えたことだ。

ソビエト連邦の崩壊後、アパート群が政府から民間に払い下げになった。買える人たちは、それらを破格の値段で買いあさった。また政府は、政府直営の工場や産業施設を運営しきれなくなって、それらも民間に払い下げた。目先のきいた人間は、そういう施設も只同然の値段で買った。かれらは今、億万長者だ。百万長者でなく、億万長者なのである。フランスやイタリアの、地中海沿岸の保養地に行くと、そういう金持ちのロシア人たちがごろごろしている。またクリスティーやサザビーの競売会社で、名を秘して名画を競り落とすのも、最近はそういうロシア人が多いそうだ[4]。彼らは必ずしも、正直で公明正大な取り引きをした結果、金持ちになったわけではないと言われている。正直にやっていて、一年足らずで億万長者になれるわけがない。かれらは「ニュー・ロシア」と呼ばれている。だから現在のロシアには、すごい金持ちと、すごい貧乏人が混在している。

ヴィクトリア自身もアメリカに来て、違う国に来たのだから変わったと思う。だがやはり、中身は同じだと思う。同じことに喜びを感じ、同じことを悲しいと思うからだ。彼女は自分の性格のために、祖国に住めなかったのだと思っている。心身共に活力にあふれ、自分が何をやりたいかを知っており、常に将来の目標を立てて、それを達成するために、資格を取ったり転居したりと必要なことをする。そしてそれを達成する——この活力の発散を許さない祖国で、ヴィクトリアが「窒息しそうな気がしていた」のは当然だ。アメリカに来てはじめて彼女は、本来の自分で自然呼吸しているのだ。「中身は同じ」というのは、そういうことかもしれない。

とはいうものの、違った国は違ったライフ・スタイルを強いるから、それに適応しているうちに、食べ物とか服装だけでなく、ものの見方も変わったかもしれない。それならそれで結構だ。ヴィクトリアは、アメリカに移住する者は皆、アメリカ人になるためにこの国に来ると思っている。だから、アメリカのロシア人部落には、もう住もうとは思わない。

だからといって祖国に関心がないわけではない。逆に大いに関心がある。祖国のニュースは追っているし、とくに英語の苦手な夫のために、テレビのロシア語チャンネルを見られるようにしてあるから、祖国のニュースはリアルタイムで入ってくる。夫が英語が苦手なことに、ヴィクトリアは何度も言及した。そんなに英語が苦手な夫が、なぜアメリカに来たのだろうと誰しも疑問に思う。アメリカ移住は家族の決断だった、とヴィクトリアは言ったが、実はヴィクトリアの決断で、夫はしぶしぶ従ったのではないか。ヴィクトリアはちょっと罪悪感のまじった笑顔になって、「実はそうなんです」と告白した。それで彼女が今まで一家の稼ぎ頭として、常に二つの職を掛け持ちで、猛然と働いて来たわけが分かった。「でも」とヴィクトリアは勢い込んで、「私は夫を説得したんですよ。アメリカでは差別もされないし、一人の労働者として天下晴れて働けるし、子供たちの将来のためにもいいから、ってね。」

その子供たちはどうしているかというと、21歳でアメリカに来た長男は、ニューヨークで同じロシア人と結婚し、リムジン会社のマネージャーをしており、小さな娘が一人いる。ビバリーヒルズの高校を出た次男は、コンピューター会社で働いているが、実は俳優志望で、ハリウッドの映画に出演するのが夢なのだ。ヴィクトリアが美人だから、さぞハンサムな青年なのだろう。

ヴィクトリアが管理しているビルは巨大なので、ハンディマンと言われる、よろず修理屋が常駐していて、やれトイレが詰まった、電球が切れた、といったことまで飛んで来て、チップひとつで直していく。ヴィクトリアの夫が電気屋で、そのほかペンキ屋とか、大きな修理をする業者の出入りが頻繁にある。早い話が、空き屋が出るたびに、部屋の補修や改装をしなければならない。その業者のほとんどがロシア人である。それはヴィクトリアの差し金というよりは、夫が見つけてくる。だがそういう無数の仕事の発注と支払いは、すべてヴィクトリアの責任である。彼女は、「私は会計士なのに、私のやっていることを見て下さい。たかがビル管理なんですよ」と多少卑下《ひげ》したように言ったが、彼女に会計士の資格と経験があったからこそ、20人の応募者の中から彼女が採用されたのに違いない。

一度だけ大変だったのは、数年前、10軒もの空き室が出た時だった。しかし、それは不況のせいと、9月11日のテロの直後、高層ビルを敬遠する傾向が出たからで、「私のせいではなかったんですよ」とヴィクトリアは胸を張った。

ヴィクトリアがアメリカで現在最も楽しんでいることは、ジム通いである。仕事の後ヴィクトリアは、「毎晩」ジムに行って泳ぐ。道理で56歳という年齢がウソのように、ひきしまった身体をしている。彼女はもともと水泳が得意で、学生の頃は選手として競技会に出て、かなりの成績をあげていた。しかしキエフ市には公営プールがなくて、高校卒業以来40年近くも泳がなかった。ところが3年前に、思い立って初めてプールに入ったら、まるで昨日までプールに通っていたかのように、昔の泳ぎが直ちに戻ってきた。

アメリカに移住したい人たちへのヴィクトリアのアドバイスは、まず、しっかり働くということだった。「お金が木にぶら下がっているわけではないし、タダのチーズなんてありませんから」と。次に、アメリカの法律にきちんと従うこと。これは、運転法規を守ることから、税の申告、ドラッグを使わないことなど、すべてに渡ってである。犯罪歴があると、市民権を取ろうとしても取れないことがある。こういうことは、口で言うほど生やさしいことではない。初めからきちんとやろうと決めてかからないと、ついルーズになったり、誘惑に負けたり、悪い人にだまされたりするからだ。「特に40歳を過ぎてから来ようと思う人は、自分を変える覚悟で来たほうがいいですね。それに自分の生活ぶりも、すっかり変える覚悟でないとね。祖国のシステムを持ち込もうとしたってだめです」とヴィクトリア。そこまで覚悟を決めていたからこそ、彼女は適応が早く、スムーズだったのかもしれない。

ヴィクトリアは、もし生まれ変わったとしても、やはり同じ事をしたと思う。だがそれよりも、彼女はむしろアメリカに生まれたかった。アメリカ人として生まれていたら、現在よりもっと成功していたと信じているからだ。彼女のエネルギーをもってすれば、それは十分有り得ただろう。「でも今からでも、この年になってからでも」とヴィクトリアは、ふと遠くを見る眼になって、「もっとやれるかも分かりませんよ」と言った。その証拠に、というわけでもあるまいが、このビルのテナントの一人が、ヴィクトリアにこう言ったことがある。「ヴィクトリア、あなたならビル一つの管理どころか、国が一つ管理が出来るよ」と。

彼女はまだ何か、もっと大きなことを考えているのだろうか。次々に夢をふくらませて、それを実現して行くところは、まさにアメリカ人だ。この点でヴィクトリアは、自分で意識している以上に、アメリカ文化に同化しているようだった。

（2）実はこの「メディケイド」にかかる費用が莫大で、アメリカの国家財政をおびやかしていることも、医療制度改革の必要性の一つにあげられている。理想は国民全員が「メディケイド」のような医療保険を持てることだが、現実は「メディケイド」の無駄をはぶいて費用を浮かし、医療保険を持たない人の数を減らすことをねらっている。

（3）「クレムリン（ロシア政府）が、ロシアのテレビをしっかりとコントロールしている」と、2009年7月8日のニューヨーク・タイムズ紙にあるところをみると、現在でも変わっていないようだ。

（4）このほどサザビーの競売会社で、ジアコメッティの「ウォーキング・マン 1」という彫刻が、1億430万ドル（約100億円）という、予想額の3倍以上の破格の値で匿名で競り落とされたが、ディーラーたちは、買主はロシア人か中近東人に違いないと、あるロシア人の名前をあげた。（ニューヨーク・タイムズ紙　2010年2月4日）

第3章　ファリデー——不動産仲介業者（イラン）

（ファリデーは18歳の時はじめてアメリカを訪問し、23歳で改めて移住した。現在51歳。結婚していて、一男一女がある。）

ロスアンゼルスには、イラン人が非常に多い。それは1978年のイラン革命で、皇帝が国外に脱出した前後に、皇帝の周りにいた有力者たちや、有産階級がどっとアメリカに逃れてきたからだ。革命が本格化する以前に、金銀財宝をすべて持ち出して逃れて来た人もいるが、全部がそんなイラン人ばかりではない。たとえば私の隣人の主婦は、宗教的な理由で迫害されて、山を越え砂漠を渡って違法でアメリカに入国してきたイラン人だ。その複雑なイランの国情が、ファリデーの半生の縦糸となっている。

ファリデーは、つややかな長い黒髪をたらし、きらきらと輝く鳶色《とびいろ》の目と、あたたかい微笑を持った、背のすらりと高い女性である。彼女はアメリカに来る前は、イランの首都テヘランの大学生で、英文学を専攻していた。学生結婚した夫とは、家族ぐるみで付き合っている間柄だった。夫はアメリカの大学に留学中だったので、結婚後、ファリデーは大学を休学して、夫に伴ってアメリカを訪れ、夫が卒業するまで1年間アメリカで暮した。それから夫婦でヨーロッパを旅行してから帰国した。夫婦ともに裕福な階級の出だったのだ。当時イランの皇帝は、若者がアメリカに留学することを奨励し、彼らが卒業して帰国後は、優先的に政府の陽の当たる職場に採用した。夫もイランの誉れ高き陸軍に、兵士としてではなく官吏として雇われた。ファリデーは大学に戻って卒業し、やがて女の子が生まれた。ここまでは、恵まれた階級の恵まれた平和な生活だった。ファリデーは多くのイラン女性と同様に、主婦業に専念した。夫の収入で、親子3人が十分楽に暮らせたからである。イランには石油があり、皇帝の治世がよく、豊かな国だった。

イランは回教徒の国で、皇帝も回教徒だが、実は沢山の宗教があって、キリスト教徒、ユダヤ教徒、バハイ教徒などが少数派として存在している。大多数の回教徒は、おだやかな平和を愛する人たちで、異教徒とも平和に暮らしていた。しかし1977年、ファリデーの娘がちょうど2歳になった頃、イランに変化が起こりはじめた。少数の急進的な回教徒たちが、皇帝の降位を要求し、皇帝に仕えたり味方をする人たちを、誰彼の区別なく殺し始めたのだ。彼らは、「モラー」と呼ばれる回教徒の僧侶たちに操られているとファリデーは言う。皇帝の近代化西洋化政策が、モラーたちの反発を買ったのである。自分たちの存在が失われることを恐れたのだ。モラーは権力と金が欲しいだけなのに、教育の無い、無知で貧しい若者たちを扇動し、「邪教徒を殺して死ねば天国に行ける」などと言って、彼らに殺人をさせているとファリデーは言う。皇帝は、それらの若者たちに、「モラーは君たちを利用しているだけだ。モラーの言葉のウラを見よ」と説得に努めたが、功を奏しなかった。

そして1977年の5月、急進派たちは、回教寺院の屋根に拡声器を取り付け、モラーの扇動的な説教を一晩中がなりたてさせた。2歳の娘は眠れず、むずかるようになった。それが一ヵ月続いた頃、夫が陸軍で、ある噂を耳にした。皇帝のまわりの要人たちを殺してしまった急進派たちは、ユダヤ人を殺し始めたというのだ。ファリデーも夫もユダヤ人である。ユダヤ人は向学心が旺盛で勤勉なので、イランの皇帝とその父の皇帝は、ユダヤ人を差別しなかったどころか、大いに取りたてた。しかし急進派たちは、ユダヤ人だけでなく、回教徒以外の少数派の人たちも迫害し始めた。回教徒であっても、軍隊の幹部や、権力を持っていた人たちは迫害された。急進派たちは、皇帝の西洋化政策を180度変えようと望んでおり、現行制度で権力を持っている者を生かしておきたくなかったのだ。

ファリデー夫婦は、「ことが収まるまで」イスラエルの親戚を頼って暮すことにした。急進派たちの暴挙は、一時的なものと見られていたのだ。あれほどまでに権勢を欲しいままにしている皇帝が追放されるとは、誰一人思っていなかった。だからファリデー一家はスーツケース2個を持って、イスラエルの首都テル・アヴィヴに着いた。これが、25年間の外国暮しの第一歩になろうとは、夢にも思わなかった。

祖国の事態は収まりそうにもなかったが、親戚の家に厄介になって、何もしないで暮しているのも気が滅入ってきた。そこで夫婦は、アメリカに行って自分たちの生活を取り戻すことにした。以前暮したことがあったから、あまり不安はなかった。当時、大勢のイラン人がアメリカに行こうとしており、アメリカ行きのビザを取るのは難しかったが、ファリデーのビザはイラン政府からまもなくおりた。しかし夫は陸軍に所属していたため、急進派の目が光りはじめていて難しく、結局イスラエルでビザを申請した。夫はアメリカで大学に行っていたので、イスラエル政府はすぐにビザを発行してくれた。

このアメリカ行きですら、一時的なことだとファリデーたちは思っていた。ファリデーの両親と弟、妹もまもなくアメリカに来た。はじめは昔の古巣の東部に行った。そこにはファリデーの兄が、すでにアメリカの医学博士の学位をとり、医師として働いていた。

まもなく親戚から誘いを受けて、家族全員がロスアンゼルスに移った。祖国の状態は早急には治まりそうもない。「とにかく働かなくては」と、家族全員が永住権の申請をした。夫はコンピューター会社に職を得、やがて長男が生まれた。平和な生活が、新天地アメリカで開こうとしていた。祖国は離れたけれど、親兄弟に囲まれて、アメリカの中に小さな祖国を築くことが出来たのだ。

イラン人は家族の絆が非常に強い。イランのみならず、中近東の諸国はみなそうである。子供は結婚するまで親と同居する。未婚だったら、50歳になっても親と同居している。しかし女性の結婚年齢は低くて、高校を卒業した17、8歳が適齢期とされている。「23、4歳になると、もうオールド・ミスですよ」とファリデーは笑う。アメリカでは、32歳や33歳になって結婚することも多いので、「20歳で結婚したなどと言おうものなら、まあ、あきれたって、ひんしゅくを買いますよね」とファリデーはまた笑った。結婚した子供が親と別居するようになったのは、ファリデーの世代からだ。

ファリデーの平和な生活に影がさしたのは、夫の心臓に問題があると分かった時である。夫が学生の時に、心臓の弁のひとつが漏れていることが分かったが、その時はたいしたことはなく、ただ、年に2回モニターするように医師に言われただけだった。日常生活や仕事に全く支障はなかった。しかし心臓は悪化し、1984年に最初の手術をUCLA〔カリフォルニア大学〕の病院で受けた。

ファリデーは、もしイランに住んでいて夫が健康で働いていたら、一生専業主婦でいただろう。富裕階級のイラン女性はみなそうなのだ。しかし、夫がすぐに治るような病気ではないと分かった時、ファリデーは真剣に一家の経済のことを考えなければならなかった。家族の支えがあるといっても、両親は年を取ってきているし、兄妹にはそれぞれ家族がある。ファリデーは、生まれて初めて働こうとした。何が出来るだろうか。彼女が持っているのは、イランの大学の英文学の学士号だけだ。学士号だけでは、アメリカの大学で教えることは出来ない。彼女と同じような事情でアメリカに移住したイラン人の主婦たちが、不動産仲介人の資格を取って働いていることをファリデーは耳にした。そこで彼女もやってみることにした。

ロスアンゼルスのような、だだっ広い車社会の街で、不動産仲介人として働くのは楽ではない。どんな仕事でも楽ではないが、とくにファリデーのような「お嬢様育ち」が、お客を自分の車に乗せて、タクシーの運転手さながらに、街中走り回って物件を見せてまわるのは大変だった。ファリデーも一度自動車事故を起こして、それ以来腰の具合が悪くなった。駐車違反の罰金命令は何度となく来た。

ファリデーは、働いているからといって、家事をおろそかにしたりはしない。6時に退社しても、イランの専業主婦がするように、ちゃんと夕食の買い物をして夕食を作り、後片付けをする。物件の売買契約がまとまりそうな時は、急いで書類をととのえ、夕食後に売り主、または買い主の家に行って、署名を貰ってしまうこともある。当事者の気が変わらぬうちにまとめてしまわなければ、手数料が入らないからだ。そして彼女は、どんなに忙しくても約束の時間に遅れない。これだけでも彼女がいかに自己管理の出来た人かがわかる。

やがて夫も働けるようになり、1980年代の後半には、好景気と不動産ブームがやってきて、ファリデーの収入も増え、1989年にはコンドミニアムを買った。ところが夫の心臓が悪化して、2000年に2度目の手術を受けることになった。また不動産市場も、高金利の影響を受けて低迷し始めた。物件が面白いように売れた日々は去り、ファリデーが物件を見せて回っても、お客が買いしぶったり、ローンが下りなくて契約が解消になったりした。これに追い討ちをかけるように、夫が2002年に3度目の手術を受けなければならなくなった。この時は医者が、助かるかどうか五分五分だと言った。ファリデーは腰が痛んでも、仕事を休むわけにはいかなくなった。家計費どころか医療費まで、ファリデーの細腕一本で捻出しなければならなかったからである。この頃が、ファリデーにとって一番苦しかった。

しかし彼女は、頭の良い、芯の強い女性である。自分の腰は、東洋医学や運動、ヨガなどで直し、心臓についてもインターネットなどで勉強して、「私は医者よりもよく知っています。わたしに無いのは医師の免許だけです」と冗談を言うほど詳しくなった。実は彼女は、若い頃、医者になりたかったのだ。兄が医者になったのだから、彼女だってなろうと思えばなれただろう。しかしその兄が、「女で医者になって、よい家庭を築くことは不可能に近い」と止めた。その理由は、「医者は、治療と研究に膨大な時間と体力を要求され、その上家族の面倒を見る余裕など無いほど消耗してしまうから」だった。

3度目の手術の後、夫は弱ってしまって働けなくなった。ファリデーが本腰を入れて働き出したせいもあるかもしれないが、うまいことに、金利が下がって不動産物件がまた売れはじめた。ファリデーの収入も増え、2003年の夏には、イスラエルで行われた夫の親戚の結婚式に、夫の代理で出席した。夫が一緒に行かれなかったのは残念だったが、彼女はそれでもその旅行を充分に楽しんだ。パレスチナ人の自爆テロが、イスラエルの首都テル・アヴィヴで、バスの乗客をねらって頻発していた頃だ。「バスに乗らないように」と、親戚の者や知人がファリデーに忠告したが、身の安全の心配は全くしていなかった。イスラエルはユダヤ人の国なので、むしろ祖国に帰るようなくつろいだ気分だった。

イスラエルの税関の審査が厳しいことは有名だ。この厳しさによって、イスラエルはテロから自衛しているのである。女子供でも、妊婦ですらも、審査が厳しいことに変わりはない。妊婦に化けて自爆テロを働いた者もいるからだ。ファリデーも別室に入れられて、一時間にわたって取り調べられた。ファリデーはアメリカ国民になっていたから、アメリカのパスポートを持っているが、どう見てもイスラエルの敵であるアラブ人の顔をしているからだ。そこでファリデーは、ヘブライ語で書かれた結婚式の招待状を、税関の審査官に見せた。ヘブライ語はイスラエルの、ユダヤ人の言葉なのだ。それでやっとファリデーは取り調べから開放された。9月11日のテロ以来、アメリカでは、さかんにイスラエルの厳しい自衛措置を真似る動きが出ている。しかしアメリカは大きな国で、空港の数も多く、イスラエルのような水も漏らさぬ措置はとても真似が出来ないようだ。

ファリデーは好んでアメリカに移住したわけではないから、同じ境遇の多くのイラン人同様に、いつか祖国に帰れることを待ち望んでいた。「いつかきっと帰りましょうね」とお互いに約束しあいながら、四半世紀たった今も、誰もその約束を果たせないでいる。だからファリデーが、アメリカを祖国より好きになることは決してない。アメリカは、嵐をさける灯台にすぎない。四半世紀たってもそれは変わらない。同じように祖国で身にふりかかる危険を避けてアメリカに来た人の中でも、ファリデーのようなイラン人の場合は、アメリカにいることをさほど幸せとは思えないと言う。かつて持っていたすべての素晴らしい物を失った上に、そのかわりに得ているものは、必ずしも、自分が欲しいと思うようなものではないからだ。

にもかかわらず、ファリデーはアメリカに長年住み暮らし、祖国の状態を見るにつけ、アメリカに居られることを有り難いと思う。これは彼女に限らず、イラン人が全員そう思っていると彼女は断言する。アメリカに来た当時、祖国の大学をなつかしんで泣いてばかりいた妹も、今ではイランに帰って暮したいとは言わない。祖国があまりにも皇帝の在位時代から変わってしまったからだ。革命軍に牛耳られている現在の祖国では、女性は外出時には髪をすっかり被い、「アバヤ」という、形状しがたくて「袋」としか言いようの無い黒いマントで、体全体を覆わなければならない。革命前はイランの女性は、それはそれは美しく装っていたものだ。女性たちはアバヤを嫌悪しているが、革命軍には抵抗できない。

それにファリデーはアメリカでは、自由に行きたい時にユダヤ教の礼拝堂に行くことが出来る。イランで礼拝堂に行けないわけではないが、「モラーたちが監視しているから、行って睨まれるかと思ったら行く気になれない」と、まだイランにいる友人たちは電話でこぼす。ファリデーは特に、夫がアメリカで最高の医療措置を受けられたことを有り難いと思っている。もし今でもイランにいたら、夫の身体はどうなっていたか分からない。

ペルシア帝国に端を発したイラン。その悠久の文化の中で育ったファリデーから見たアメリカは、人々が四六時中いろいろなことに追われて、あわただしく暮らしているように見える。毎日、毎時間が、せかせかとラッシュ・アワーの連続だ。これは技術の進歩の行き過ぎだとファリデーは思っている。コンピューターは日進月歩で、その進歩に追いつくことに人々は追いまくられている。不動産業界の情報も、すべてコンピューター化されたため、ファリデー自身もコンピューターの講座を受けなければならなかった。そして携帯電話が、トイレの中までファリデーを追いかけてくる。その上情報を待っているだけでなく、追いかけないと取り残される。四六時中気の休まるヒマがない。

イランでは、誰もが午後1時になると、家族と食事をするために家に帰り、昼寝をしたりして休息をとる。イランは、地中海性気候の北部カスピ海沿岸と、湿潤なペルシア湾岸以外は、長い熱い夏のある砂漠気候なのだ。午後1時を過ぎると、街の通りは人っ子一人いなくなる。ところがアメリカはそうではない。朝8時、9時から夜の6時、7時まで働きづめで、その忙しいペースに慣れるのに時間がかかった。イランでは、洗濯をするのに人を雇い、その人が一日中かかって大家族の衣類やシーツを手で洗い、太陽に干す。そして、その太陽で乾いた洗濯物の匂いを家族は楽しむ。そういう生活のゆとりがアメリカには全くないとファリデーは嘆く。もっとも今ではイランでも洗濯機を使っていて、どこも「リトル・アメリカ」になってしまったが。

それでもアメリカ人が忙しい国民であることに変わりは無い。私はよくジョークで、「アメリカ人は自分のことで忙しいものだから、人のうわさ話をしているひまが無い」と言う。仕事、子供、趣味、健康に関することはほぼ万国共通としても、アメリカではそのほかに社交があり、宗教に関する行事やバザーがあり、チャリティやボランティアの仕事に携わっている人も多く、果ては政治的集会やデモへの参加など、アメリカ人は「参加する国民」で、「傍観する国民」ではない。そういう忙しい人たちを顧客として相手にしながら、ファリデー自身も、一家の稼ぎ手として、夫の看護婦として、また家事の全責任を負う伝統的なイランの主婦として、ひたすら忙しいのだと思う。そのあげく、余裕のあった祖国の生活が、無性に懐かしいのではないだろうか。

しかしファリデーのいちばん大きなアメリカ人への批判は、アメリカ政府に対してであった。イラン革命直前にモラーたちが台頭した頃に、アメリカがイランに来て、イラン人の言うことによく耳をかたむけて、モラーたちを逮捕し壊滅させていたら、イラン革命は起こらなかった、とファリデーは主張する。(5) さらに9月11日の世界貿易センターのテロも起こらなかったし、今のイラクの混乱も起こらなかっただろうと、このもの静かなファリデーが、憤慨で顔を紅潮させて言う。

「モラーたちは、イラン国民を出来るだけ無学に、無知に、社会的経済的に低い地位にとどめておこうとしました。無学無知ならば、国民は何も疑問を持たないし、モラーたちのやっていることに対して質問もしないからです。国民は言われるままを信じます。そうやって宗教を隠れみのにして、彼らは権力と富を得ようとしました。だから、多くの無知な若者が扇動されて、無意味な自爆殺人をしました。アメリカは世界一の大国です。でも大国でパワーがあると、人々はそのパワーを、悪を是正することに使って欲しいと期待するから、大国の責任が出てくると思うんです。」

ファリデーを始めとする大多数のイラン人が、モラーに扇動されている一部の狂信的回教徒たちのために、大変迷惑しており、イラン人であることを恥じている。「回教徒」というレッテルを貼られてしまったために、一般のイラン人の生活は破壊されてしまった。「『あ、あんたイラン人？　じゃ、回教徒ね。だからテロリスト。でなければテロリストの味方でしょ？』というのが、ほとんどのアメリカ人の頭の中にあるという風に私は感じます」とファリデーは嘆く。彼女は回教徒ですらないのに。

このインタビュー当時、アメリカの音頭でイラクの国家元首を選ぶ選挙が迫っていた。その選挙を妨害する目的で、イラクに過激派の回教徒が集まってテロ行為を続けていた。事と次第によっては、イラクもイランのように、回教徒の僧侶が治める国にならないとも限らない。するとファリデーは、「逆にイランがイラクのようになるかもしれませんよ」と言った。イランのモラーたちをこのままのさばらせておくと、やがてその中から、サダム・フセインのような独裁者が現れるかもしれないという意味だ。

ファリデーは、革命以前のイランのすべてを愛している。5人家族の家庭で、男一人が働けば、一家が楽に暮していけた。女性は全く働く必要がなかった。国は富み、物資は溢れ、古い歴史と文化を誇り、人々は親切で素晴らしい国だった。それを聞いて私は、ふと旧ロシア帝国を連想してしまった。革命以前のイランも、皇帝の周辺の富裕階層は繁栄しても、やはり無学で貧困の人たちが忘れられていたのではあるまいか。丁度ブッシュ政権の富裕階層寄りの政策が、初の黒人大統領誕生の引き金になったように、当時のイラン皇帝も、経済政策をあやまったのではないか。イラン皇帝の金銀で縁取られたきらびやかな服装が目に浮かぶ[6]。

ファリデーの革命前の祖国礼賛は尽きるところがない。しかし現在アメリカに住んでいるイラン人は、ファリデーの目から見ると、見栄を張っていて不自然だ。たとえば車にしても、ロスアンゼルスにいるイラン人は、たいていベンツに乗っている。だからアメリカ人は、イラン人は皆金持ちだと思っている。ところがファリデーは、「車にだまされてはだめですよ。イラン人はお金がなくて食べる物を倹約しても、ベンツを買うんだから」と言う。事実「イラン人」といったら「ベンツ」と誰しも思っている。そのため逆に、ベンツを買わざるを得ない状況に、国民的レベルで追い込まれているようなのは、ちょっと滑稽な話だ。

ファリデーは続ける。「わたしがグッチのバッグを持っていなくても、あなたなら私を価値が無い人間とは思わないでしょう。ところがアメリカにいるイラン人はそうなんです。彼らにとって、グッチのバッグを持っていない者は、取るに足りない人間で、付き合う価値もないんです。だからみんなこぞってグッチのバッグを買うんです。」

なぜ、それほどイラン人は、見栄を張るのか。しかし祖国のイラン人は、これほどひどくないとファリデーは言う。では、なぜアメリカのイラン人はそうなのか。

「それはハリウッドがあるからですよ。みんな派手に、映画の世界の真似をしているんですよ。」だがハリウッドの影響なら、イラン人ばかりでなく、ほかの国民も同じになるはずだ。アメリカのイラン人は、昔は良い暮しをしていたということを見せたいのだろうか。今の自分の境遇に自信がないのだろうか。するとファリデーは、「物質主義はイラン人ばかりではない」と自国人を弁護しはじめた。自分で自国人を批判するのはいいが、他国人の私が同調して批判しはじめると、ファリデーは面白くないのだ。

いずれにしても、アメリカのイラン人といえば、金銀を持って逃れてきて、ベンツを乗り回し、バブルの頃の日本人のようにアメリカで不動産を買い漁っているというイメージが一般にあるが、実状は、背伸びをして虚勢をはって、その実あまりアメリカ社会に定着したという心地よさを味わうこともなく、同国人が寄り合って生きているという、違ったイメージが見えてきた。

祖国は変わってしまったが、ファリデー自身もアメリカに来て変わらざるを得なかった。生き抜くためには、イラン流に昼寝をしているわけにはいかない。正直なところ、ファリデーは自分の身に起こったすべてのこと――祖国に起こった革命、異国への移住、夫の生死をさまよう病気、そして富裕階級の令夫人から異国で働く女性への変貌――を、全く予想もしていなかった。こういう状況下では、参ってしまうか、強くなるかしかない。だから彼女は強くなった。人生を恐れず、責任を負うことや、決定を下すことを恐れなくなった。しかしファリデーには、やはりどことなく優雅さがある。それはシックな身なりとか、上品な物腰とかの外面だけではない。そして彼女のかつてのクラスメートが言った、「彼女ほど良い人はいない」とのコメントどおり、人の悪口を言ったり、生き馬の目を抜くような抜け目のなさを持つというような変貌は、18年間不動産業にたずさわっていても遂げていない。彼女の中の、古き良きイランの性格は変わっていないようだ。

ファリデーの子供たちは、アメリカにいることを喜んでいる。なにしろ息子は、アメリカで生まれたアメリカ人なのだ。しかしファリデーは方針として、息子にイラン語も教えた。ファリデーの父は英語が話せないので、息子がイラン語を話せなかったら、祖父と孫との間に会話がなくなるからだ。家族主義はイランの大きな美徳なのである。息子は学校で英語を習うので、家での会話はイラン語で通した。或る日のこと、まだ幼かった息子が、友達の母親（イラン人）と英語で話してから帰宅して、ファリデーに、「ママはどうして英語が話せないの?」と聞いた。そこまで徹底して教えたから、現在息子は全くアクセントのないイラン語が話せる。イランの土地を一歩も踏んだことが無いのにもかかわらず。

ファリデーのアメリカでの楽しみは、弟や妹の結婚式の準備をすることや、甥や姪が生まれた時のパーティ、誕生日のお祝い、卒業式のお祝いなどに参加することである。イラン人は何かにつけて、家族や親戚が寄り集まっている。そして贈り物のやりとりは、日本人より頻繁である。

このような楽しみ以外に、ファリデーのストレス解消法は、健康法も兼ねて、早朝の公園を散歩することである。すっきりと背筋を伸ばし、長い足で闊歩する彼女の姿は、遠くから見ると、若い娘のようだ。また、娘と買い物をするのも楽しい。時々娘のような服を着ていたり、ある時は赤いミニスカートをはいていたが、娘と自分のスカートを交換したのだそうだ。こういう年齢を超越したおしゃれは、イランにいては絶対できないことだ。

再び生まれ変われるものなら、ファリデーは大学院に行っていただろうと言う。そしてもっと遅く結婚しただろうと。同じ人と結婚したかもしれないし、しなかったかもしれない。ただ、もっと人生を知って、もっと成熟してから結婚しただろうと思う。そうすれば、のちの人生で問題が起こっても、解決する能力があったろうし、解決の仕方も違っていたと思うのである。最後に彼女は「私の人生が、他の女性たちの役に立てばうれしい」と言った。

（5）当時のカーター大統領は、イラン人の将来はイラン人が決めるべきとして、介入しなかった。アメリカなど大国の介入により泥沼化したベトナム戦争が、終結したばかり（南北ベトナムが共産主義国家として統一されることによって）だったことも、当時のカーター政権が、他国への内政介入を避けた理由だったかもしれない。

（6）ムハマンド・レザー・シャー（在位1941―79）は、急激な近代化政策を強行し、土地改革、婦人参政権、識字教育などを推進したが、地主層や宗教指導者が反発。かえってインフレ、農業の停滞、都市のスラム化、極端な富のアンバランスをもたらした。78年1月以降、反国王デモやテロが続発。国王は軍事内閣を発足させて弾圧したが、ホメイニ師指導のもとに王制打倒を叫ぶに至った。1980年の国会選挙では、イスラム聖職者を中心とするイスラム共和党が圧勝した。その後イスラム聖職者の独裁に反対するグループは次々と排除され、ホメイニ師を中心とするイスラム国家体制が固められた。（ブリタニカ百科事典）

第4章　ライラ——土木技師（パレスチナ）

（ライラは19歳で米国に移住し、現在54歳。未婚で、子供はいない。）

ライラは髪をボブ・スタイルにした小柄で小太りの女性で、まだ早春というのに袖無しの夏服を着ていた。「私はニューヨークに長く住んでいたから、寒くないんですよ」と言って。彼女は風光明媚な海辺の街、マリナ・デル・レイにあるタウンハウスに住んでいる。タウンハウスというのは、コンドミニアム（日本のマンションに相当）と独立家屋を足して2で割ったようなもので、多くは2階建てで独立家屋に見えるが、同じような家がくっついていて共同で管理されている。海がすぐそばにあるので、海の香が漂ってくる。街路樹のあざやかな緑が、早春の太陽に輝いていた。家の中に入るとライラは、「寒くはないですか？」「窓を閉めましょうか？」とさかんに世話をやいてくれた。テーブルの上には、チーズやナッツやフルーツが盛り上げてあった。ライラは心の温かい、親切な人のようだった。

ライラは、長年にわたるイスラエルとの紛争で有名な、あのパレスチナの出身である。

自分たちの土地をイスラエルから奪回しようとするパレスチナ人の戦いは、イスラエル建国以来60年以上続いている。イスラエル軍によるパレスチナへの道路封鎖が、2000年に始まって以来、とくにホットな政治問題となっている。アメリカの世論は、アメリカでのユダヤ人の勢力が強いせいもあって、イスラエル寄りである。こういう政治的環境にあって、パレスチナ人の苦境や主張を分かってもらいたいというライラの気持ちが、インタビューを通してひしひしと伝わってきた。ライラは他の国から移住してきた女性に比べ、自国を代弁していると の意識をはるかに強く持っていた。

ライラはパレスチナのウェスト・バンクで生まれ育った。人種的にはアラブ人だが、多くのアラブ人が回教徒であるのに対して、彼女はキリスト教徒だ。「私はイエス・キリストはユダヤ人でなく、パレスチナ人だったと信じています。キリストの生誕地と信じられているところは、近年ユダヤ人が取り上げてイスラエル国としましたが、実はパレスチナだったんですよ。」彼女の話は大変興味深いが、彼女は自分の過去や現在やパレスチナに関して、あふれるような思いや意見を持つあまり、当初から、淡々と事実を追って語ることが出来なかった。というよりは、私たちが歴史書やニュースで知っているイスラエルとパレスチナに関する「事実」は、ライラの経験した「事実」ではない、と彼女は言いたいようだった。ここに再現するのは「ライラの事実」である。

パレスチナ人の内、キリスト教徒は10％にも満たない。にもかかわらず、同じパレスチナの中で、回教徒とキリスト教徒はとても仲良く暮らしてきた。イスラエルが1967年にウェスト・バンクを占領する以前に育ったライラは、回教徒とキリスト教徒の区別すら意識せずに暮らしていた。二つの教徒の間で違っていることといえば、祝日だけだった。そして人々は、相手の祝日も祝ったのである。「ところがアメリカ人ときたら、私がキリスト教徒なら、なぜ回教徒を憎まないのかと言うんですよ。どうして憎みあう必要があるんですか？　私たちは同じ人種なのですよ。ただ宗教が違うだけで。」たしかに、同じ日本人が、宗教が違うからといって憎みあうことを想像するのは難しい。

パレスチナという土地の歴史は、聖書が書かれた時代以前にはじまり、もともとは現在のイスラエルと、ヨルダンやエジプトの一部まで含んでいたが、その悠久の歴史はさておき、1947年11月に、ユダヤ人とパレスチナ人の衝突を決定的にした出来事が起こった。この出来事を語らずに、ライラの物語は無い。その出来事とは

——米国とソ連が音頭をとって、国際連合総会で、パレスチナをユダヤ国、アラブ国、そしてエルサレムを含む国際管轄地帯に分ける決定を、多数決でしたことである。アラブ人の土地に、ユダヤ人の国を作ることに猛然と反対するアラブ人諸国は、その決定を拒否し、抵抗の決意を誓って憤然と総会場を去った。

それ以前、第一次大戦後、英国は1922年に国際連盟からパレスチナを統治領として委任されていた。1930年頃から、ユダヤ人はパレスチナにユダヤ人の国を作ろうと、猛然と運動していた。そして1948年5月14日、英国司令官がパレスチナを去ったその日に、現在のイスラエルの首都テル・アヴィヴで、イスラエル国が発布された。同じ日に、レバノン、シリア、ヨルダン、エジプト、イラクのアラブ諸国は、イスラエルに進撃した。イスラエルは待ち構えており、パレスチナ人がイスラエル領から逃げ出したことが、イスラエルの防御を容易にした――

以上が歴史書に書かれている「史実」だが、ライラの立場から見れば、このような記述ですらイスラエル寄りであることが分かる。

「私が知っている歴史によれば、パレスチナ人は始めから全く勝ち目がなかったんです。英国に占領されていたし、英国人はヨーロッパのあちこちに住んでいたユダヤ人に、この土地（パレスチナ）を与えると約束してしまったんですからね。その約束は英国でやっているんですよ。ユダヤ人は、パレスチナ人を追い出そうとして弾圧しました。パレスチナの村人を殺戮し、女性の子宮を生きながらに切り裂きました。ユダヤ人は殺戮を重ね、そのニュースを広めてパレスチナ人を恐怖におとしいれました。だからパレスチナ人は逃げ出したんです。ユダヤ人はこうして、ほとんど抵抗にあわずにイスラエルを占拠したんですよ。パレスチナ人は、逃げ出す時に、家に鍵をかけました。また帰るつもりでいたんです。今でもそう思っていますが、いまだに帰ることが出来ません。だから、帰る権利を取り戻すために、イスラエルに帰ることが出来るように、現在戦っているんですよ。パレスチナの半分は1948年に占領されました。（注：それが建国当時のイスラエル）残りの半分は1967年に占領されました。（注：それが現在のウェスト・バンク）だから現在は、全パレスチナがイスラエルに占領されているんですよ。そしてウェスト・バンクのパレスチナ人に、いくら自治権があると言ったところで、かれらはいまだにイスラエルに占領されているんです。」

だからライラは、占領されている現在のパレスチナと、占領されていなかった当時のパレスチナの差をひしひしと感じる。パレスチナが占領されて以来、ライラの人生はすっかり変わってしまった。パレスチナ人たちは囚人になったのだ。自分たちの将来のことも、全くわからなくなった。ライラは大学に行けるかどうかさえわからなくなった。

ライラは10人兄弟の5番目に生まれた。ライラが7歳の時、国連で働いていた或るパレスチナ人の男性が、同国人と結婚するために一時帰国した。彼はライラの長姉と知り合い、まもなく二人は結婚した。そして夫婦でアメリカに戻った後、アメリカの市民権を得た。やがて姉夫婦がスポンサーとなって、残りの子供たちが、次々とアメリカに難民として移住し、姉夫婦の住んでいるニューヨークに落ち着いた。ライラの父も、ためしにアメリカにやってきたが、2年ほどでパレスチナに帰った。ライラの母は、農園の世話のためパレスチナに残っていた。

ライラがアメリカに来たのは1971年、19歳の時だった。ライラはニューヨークの摩天楼や大都会の雑踏に全く驚きもせず、圧倒もされなかった。むしろ、以前ここに来たことがあるような親しみすら感じた。なぜ世界最大の大都会であるニューヨークが、そんなに心地よかったのかというと、兄姉たちと一緒で、一人ぼっちでなかったからだ。アラブ人の文化は、お互いに助け合うことを第一としている。アラブ諸国の中でもアメリカ寄りのヨルダンが、アメリカが失墜させたサダム・フセインの娘たちを、父の死後頼まれて保護しているのもアラブ文化の現れである。ライラの家族も同様に、何事によらず、団結して助け合ってきた。そう言ってから彼女は立ち上がって、額に入った家族の写真を、あちこちの部屋から集めてきて私に見せた。いずれも母を中心に、10人の成人した子供らが盛装してズラリと一列に並び、大きく笑っていた。ちょっとした壮観である。

ライラがアメリカの大学に入ろうとしたところ、パレスチナの高校終了が認めてもらえないために、まずＧＥＤ（高卒同等を証明する学力検定試験）を受けなければならなかった。ところが彼女の数学の成績があまりに高得点だったため、すぐに数学を高校で教えてくれないかと言われた。ライラは、もし自分がアメリカで生まれていたら、そしてアメリカにある機会に恵まれていたら、自分の人生ははるかにラクだったろうと思う。自分の能力を最大限に伸ばしている甥や姪を見て、つくづくそう思う。彼らはアメリカで生まれているからだ。甥の一人は、高名なウエストポイント（陸軍士官学校）に行っている。

ライラは、自分たちアラブ人のほうが、アメリカ人より頭が良いと言っているわけではないが、自分たちが引きずっている「クダラナイ文化のお荷物」がなかったら、自分たちはもっと早く到達すべき地点に到達出来たと思っている。もっとも母国にいる親が、自分たちを母国風に躾けようと圧力をかけてくれれば、同じことかもしれないが。

アメリカに来た当初は、ライラは自由の息吹を強く感じ、何でもやりたいことが出来ると思った。彼女はもともと医科大学に行きたかった。しかし母国にいた母は、兄を医科大学にやりたがっていて、ライラの希望には一向に関心がなかった。それを敏感に感じたライラは、金銭的にもサポートを得られないとみてあきらめた。そこで、もともと理数科が得意だったライラは、英語をあまり使わなくていいこともあって、建築学を専攻した。

ライラの姉は10人兄弟の一番上なので、年齢がライラとすごく離れており、姉が結婚した時、ライラはたった7歳だった。だからライラがニューヨークで姉と暮らし始めたとき、姉はライラの代理母のように振る舞った。姉は母国で母に昔風に躾けられて、母の家事をすべて手伝ってきた。ところがライラが母を手伝える年齢になった時は、母は大分甘くなっていて、ライラにほとんど家事を手伝わせなかった。兄たちが大勢アメリカに行ってしまっていて、家にそんなに手のかかる子供がいなかったせいもあるが、母は姉にあんなに働かせたことに罪悪感を持ったのかもしれない。だからライラは、自分のベッドすら整えなかった。ところが姉は当然のように、母が自分にやったように、ライラに働かせた。すでに5人の兄たちが同居していたから、洗濯やら食事作りやら掃除やらと、家事は山のようにあったので、ライラは休む間もなく働いた。

ライラとその兄たちは、働いたり大学に行く合間にも仕事を見つけて、弟たちや両親まで援助した。父はすでに引退していた上に、まだ小さな子供が祖国に残っていたから、お金はいくらでも必要だった。それにパレスチナには仕事などなかった。(7) 兄たちが働いて、ライラは家で彼らの世話をした。ライラは外に働きに行かなくてもよかったという点では、甘やかされたのかもしれないが、ライラに言わせれば、兄たちよりもっと働いたような気がする。自分のベッドさえ整えなかったライラが、本当によく働いたものである。

ライラは、ニューヨークでの生活環境のせいで、10代と20代に、ロマンスを探求する機会を失ったと思っている。アメリカ人の同年代の女性の殆どが持った機会、パレスチナの女性ですら、アメリカ人女性ほどでなくても持った機会を。もしライラがパレスチナに残っていたら、占領下でも自分の人生はもっとラクだったように思う。ニューヨークの生活は、適齢期のライラには厳しいものだった。まず第一に、彼女は女性で独身だから、大勢の兄の世話に駆り出された。彼らは良い兄だったけれど、いつもライラをアラブ女性の伝統的な役割にはめこもうとした。それは、一昔前の日本の女性の役割に似ていて、家事に専念し、貞節で、何事も男性の意向に沿うというものだった。彼女はその結果、兄たちが反対したり眉をひそめるようなことは、やりたくてもやらないようになった。男友達を家に連れてくることはおろか、デートもままならなかった。しかしパレスチナの女性たちは、今では好きなようにふるまっている。彼女らはどんどん先へ行っているのに、自分だけはいまだに古い文化にとらわれている。ライラはこうして婚期を失った。彼女はこの状況を、一言で端的に説明した。「私は人生を、私の文化のために失ったんです」と。

だが一方でライラは、アメリカ人が持っている中近東の女性に対する偏見を正そうとした。中近東の女性は、アメリカで宣伝されているような、スカーフをかぶって男性の言いなりになっているような女性ではなく、はるかに大きな役割を担っていると。たとえばライラの父は測量士で、ほとんど家を留守にして飛び回っていたから、母が一人で子供と土地や作物の面倒を見ていた。パレスチナには四季があって、それぞれの季節に、違った野菜や果物が実る。またライラの家は、オリーブの木の茂った土地を持っていた。だから母はそれらの世話を、特にオリーブの収穫をきちんとやった。人手を雇ってそれらの植え付けから収穫までこなし、自家用に使うものを残してすべてを売りさばいた。トマトも大量に栽培していて、家には一年中自家製のトマトペーストがあった。だからライラの家では、父よりも母に依存していたのである。アメリカにも場所によっては自分の名前も書けない女性がいるように、中近東にも無学な女性はいるが、村人でも学校に行っていなくても、彼女らは家族に多大な貢献をしているというのだ。

ライラはアジアと中近東の友人たちと話し合った結果、アジアと中近東の女性は、家庭の中で西洋人が考えるよりはるかに大きな役割を持っていると思った。「アメリカ人は中近東の女性について、間違った観念を広めようとしていますわ。『我々は中近東の女性を解放するんだ』ってね。彼女たちはアメリカ人女性より解放されているんですよ！　アメリカ人は彼女たちを解放する必要はないんです。可哀相なイラクの女性たち。イラク戦争の前は、彼女たちは中近東のどの国の女性たちよりも進歩的で、解放されていたんですよ。医者や教育者や、閣僚になった女性もいましたからね。」

アメリカが、中近東やパレスチナに対する理解が足りないということは、アメリカ自身も最近は認める事実である。ライラもその事実を嘆くが、それ以外では、アメリカを色々な点で賛美している。特にアメリカの多様性は素晴らしいと思う。アメリカに来なかったら、こんなにも人種の違った人々に出会うことはなかっただろう。アジア人、ヨーロッパ人、アメリカ・インディアン。色々な人に会えば、それだけ沢山のことが学べるし、成長もする。ライラはアメリカに来るまで、アジアの人に会ったことはなかった。だが今では友人のほとんどがアジア人だ。様々な人生を知ることで、ライラの考え方も随分変わった。だからこんなにも多様な人々がいて、その人たちがそれなりに仲良くやっているということは、素晴らしいことだ。

ライラは黒人にも全く偏見はない。パレスチナには黒人もいて、ライラは、黒人がアラブ人と結婚するのを見ながら育った。だからライラにとって、それは全く自然なことだったのだ。黒人はもともとアフリカから来ているが、アフリカの北部にはアラブ人が大勢住んでいるから、ライラには両種族が同類に見える。黒人に親しみすら感じる。

また、広大なアメリカを、検問所を通らずに自由に旅行できることも、ライラがアメリカを賛美することの一つである。アメリカには小さな州もあるが、ほとんどの州は一つの国くらい大きい。カリフォルニア州ひとつとっても、日本全土の2倍もの広大さである。州の境界に、国境にあるような検問所があってもおかしくはない。パレスチナでは、とくに現在は、1マイルも行かないうちに、検問所がある。だから、「こんな広大な国を一つにまとめている」ことが素晴らしい。それに、どんな宗教でも信じていいということも素晴らしい。回教徒だからといって、キリスト教徒だからといって、ユダヤ教徒だからといって、心配しなくていい。

「それから、アメリカの言論の自由もすばらしいことです。」そう言ってからライラは、「もっとも、9月11日以来、私は自由に喋れない気がしているんです」と笑った。それはどういうことかというと、「私がアラブ系だからです」と、ライラのアメリカ賛美は、アメリカへの不満へと微妙な変化をとげていった。

ライラがアラブ系でなかったら、何を言おうとただの意見とみなされるだけだが、彼女がアラブ系アメリカ人であるために、余計なかんぐりをされると思うと、彼女は言いたいことも言えなくなってしまう。言論の自由は好きだが、ただアメリカのマスコミが長い間、しかも、いまだにイスラエル寄りの、ユダヤ人寄りの偏った見方をしているのが嫌いだ。これは、ニューヨーク・タイムズ紙をはじめとするかなりのメディアが、ユダヤ人の支配下にあるせいもある。そしてマスコミの力が、罪の無い個人を破壊してしまうことが嫌いだ。そう言ってライラは、その一例をあげた。

「アメリカには言論の自由があるといいますよね。だから中近東出身の人が、政治について話をします。彼は中近東のことをよく知っているから、アメリカ人とは少し違った見方をするのは当然です。しかしアメリカの移民局は、彼に市民権を許可しません。彼をテロリストだときめつけているからです。彼はテロリストでもなく、政治にもたずさわっていないのに。そして自由を愛しているから、ただ実情をありのままに説明したというだけで。私の国、パレスチナは自由を支持しているんです。でもアメリカは特定の人（注：ユダヤ人のこと）の自由を支持しているから、パレスチナ人のことをテロリストだとか、反アメリカだと思うんです。ですからアメリカ人は、パレスチナ系アメリカ人を、国外追放したり、いまだに裁判で拘束中だったりと、苦しめているんですよ。でっちあげられた罪のために、アメリカ人がパレスチナ人の人生を破壊することを、私は恨めしく思います。だからアメリカはフェアーではありません。」

ライラが最後にパレスチナを訪れたのは1984年だった。すでに10年も建設業界で働いた後で、アメリカ国籍も取った後である。というよりは、彼女がアメリカに移住するために19歳でパレスチナを出た時、イスラエル政府が彼女が2度と帰って来ないようにと身分証明書を没収したので、アメリカ政府が難民として受け入れて、国籍を許可したのである。彼女はパレスチナに、兄弟と土地を共有しているので、アメリカ国民であっても訪れることができたのだ。

ライラが祖国を訪れた時に見たものは、国土が悪化し、人々の暮らしが苦しくなっていることだった。ウェスト・バンクのパレスチナ人は、イスラエルで働くためには、イスラエル政府の許可を得なければならない。だがイスラエル人は、パレスチナ人を何時でも解雇出来る。イスラエル人は国境を封鎖して、「もうここでは働けないよ」と言うことが出来る。ウェスト・バンクには仕事はない。だからそこのパレスチナ人は困窮している。国外の仕事か、親戚から得られる援助に頼って生きている。(8) パレスチナ人は抑圧され、失業して飢えている。

「彼らは母親を殺され、家族を殺され、家を破壊され、なにも失うものはありません。だから彼らは私が嫌いなことをやるんです」とライラはちょっと顔をしかめた。彼女の嫌いなこととは、つまり自爆テロのようなことだ。彼女は自爆テロを非難すると言った。しかし彼らがそうする理由は分かる。「なぜなら私はそこの出身ですから。もし私が今でもあそこにいたら、多分私も自爆者の一人でしょう」と、ライラは、きわどいことを言って笑った。

「そういうことが、あなたがおおっぴらに言いたくても言えないことなのですね」と聞くと、「その通りです」とまた笑った。ライラはパレスチナの貧民に資金を送る会のメンバーとなっている。また、戦争やイスラエルの占拠のために傷ついて、義肢《ぎし》の必要な子供を助ける慈善団体にも加わった。


イスラエルに占拠される以前のパレスチナは、農業国だった。それでも食品とか、プラスチックとか、オリーブオイルで作った石鹸などの軽産業もあった。しかし今では誰もが戦争と、必要資材が入らないことと、自分を守ることで忙しくて廃業同然だ。なによりもイスラエルの統制があちこちに敷かれていて、行動の自由もままならない。たとえばライラの兄嫁は、アメリカ人でアメリカに住んでいるが、たまたまパレスチナを訪れていた時に産気付いた。家族が車で産婦を産院まで連れて行こうとしたが、検問所がありすぎるし、第一イスラエル人はパレスチナ人に車を使わせなかったので、バスで山や沼地をゆられて、産院までひどい回り道をして行かなければならなかった。パレスチナの牧歌的な風土は荒廃し、そこで成長しているライラの若い甥たちは、人を撃ち殺す話をしている。ライラの弟たちは、息子たちが人殺しの話をしながら成長するのを嫌がっている。だから、ライラが自分の祖国でいやなことは、イスラエルの占拠と、それがパレスチナ人に与える結果である。おかげでパレスチナ人は、すっかり変わってしまった。1967年以前は、もっとおおらかな良い人たちだった。

ライラは、イスラエル占領以前の祖国の自然を愛していた。彼女の記憶しているパレスチナは、四季のうつりかわりの美しい国だった。四季ごとに色とりどりの花が咲き乱れ、とくに春は花が豊富で、冬には少し雪も降った。「丁度、カリフォルニアの北部のような気候なんですよ」とライラはうっとりと言う。地中海性気候だから、カリフォルニアのように乾燥したさわやかな気候なのだ。そして人々は家族主義で、お互いに助け合った。ライラはアメリカで、パレスチナ人かアラブ系アメリカ人に出会うと、以前全く会ったことのない人でも、自分の家族のような気がする。アラブ人の家族の団結の強さは、アジア人のそれ以上かもしれない。ライラは一人暮らしだが、9人の兄弟とその子供たちを含めると、5、60人の大家族となる。つい先日も、甥と姪が合計23人も一度にライラの家に来て、泊まっていった。いくら日本家屋より広めでも、3LDKの家に23人というのはすごい。しかも、その食事作りをライラが一人でやったというのだから驚く。ピッツァをとったりはしないからだ。ニューヨークで10人家族の世話をしてきた経験が、ものを言ったのだろう。

ライラはアメリカに来たことで、パレスチナに留まっていたらあり得なかった変貌をとげた。まず職業人として、大土木会社の副社長の一人にまで出世した。社会的にも、パレスチナにいたら受け入れなかったようなことも、受け入れるようになった。「例えばデイトとか、婚前性交といったことです」とライラはちょっと声をひそめて言った。パレスチナにいたら、彼女は伝統に従って、いやおうなく結婚していただろう。独身でいるなどということは、まずあり得ない。だからアメリカでは、結婚話を断って、インデペンデントでいることを選べた。別に独身でいたいわけではなかった。ただ、ぴったりの人に会わなかっただけだ。彼女は今でも、アラブ系アメリカ人と結婚したいと思っている。ところがアメリカでは、これがなかなか見つからない。年をとるにつれてますます難しくなる。アラブ人の男性は、いまだに自分よりずっと年若い女性を望んでいるからだ。ここでライラは、アラブ人の女性コメディアンのジョークを披露した。「私は30歳だけど、アラブ人社会では、私は69歳です」というものだ。

パレスチナに帰っても、夫を見つけることはむずかしい。ライラは１９８４年から2年ほどパレスチナに住んだが、結婚相手となれるような男性を受け入れることが出来なかった。それは、パレスチナの男性が洗練されてないように見えたというようなことではなくて、ライラが強くなってしまっていたからだ。財政的に自立しているし、社会的にも男性と対等の仕事をしている。要は、彼女は自分と同じレベルか、それ以上の人を望んだのだ。えり好みが激しくなりすぎたのだと自分で言う。ところがパレスチナ人の男性は、いまだに支配権を握っていることを望んでいて、強い女性を恐れているからだった。

アメリカに来て一番苦労したことは、第一日目から始まったこの「夫探し」に尽きるとライラは言った。まわりは彼女が結婚することを期待しているし、彼女は肝心の相手を見つけられない。見つけたと思ったら、合わない人だったりした。それなら家族がもう少し協力すればいいのに、と思うのは部外者の無理解さなのかもしれない。ライラの兄たちは男性だから、女性のライラと違った文化と行動パターンで、どんどん妻を見つけていった。しかしライラは、アメリカ生活に従いながら、頭の中には古いアラブ女性の伝統を持ち続けて、それがブレーキになって思い切った行動がとれなかった。彼女は伝統にしたがって、まちがったことをしないように注意していて、いつも正しくありたいから、家族に何もかも話す。従って、話せないような、兄たちに批判されると思うようなことは出来なくなってしまう。

「アメリカに一人で住み始めると、いろいろなことがおこり、感じ方も考え方も変わってきますよね。それなのに、古い文化が体内に住み着いていて、そう自由には振る舞えないのです。」このインタビューの間中、ライラは話題を何度も繰り返し「結婚話」に戻した。そこに私は、アラブ文化の原点を見た思いがした。つまり女性は、一昔前の日本か、それ以上に、まず妻であることを期待されているが、男性と女性には、別々の道徳律が課されているということだ。

ライラがアメリカの大学を卒業して土木業者となった時、彼女はプロフェッショナル・エンジニア（P.E.）の免許を取らなかった。医者や弁護士は、州の免許を取らないと営業できないが、土木技師は免許なしでも営業出来る。ライラがアメリカに最初に来たとき、大学を卒業したら母国に帰れると思っていたので、アメリカでしか使えない免許には興味がなかったのだ。免許がなくても、現在のライラにはさして影響はない。ただ取締役になった人は、名刺に印刷してある名前の後ろに、P.E.がついている。ライラは現在副社長だが、勤続30年近いのに取締役になれないのは、免許が無いからだと思っているようだ。しかし今からでは取りにくい。アメリカの良いところで年齢制限は無いのだが、テストの第一部は大学で習った内容なので、今から勉強しなおさなくてはならず、ライラのようにフルタイムで働いている者には、時間がないからだ。

ライラはアメリカ生まれの甥や姪とばかりでなく、兄弟とすら英語で会話する。彼女は30年もアメリカに住んでいるのだから、当然とも言える。しかし中国人家族などは、トゥラン（第1章）のような完璧な英語を話す女性ですら、30年アメリカに住んでも、家では中国語を話している。ここにあげた移民女性も、アメリカ人と結婚している女性を除いた全員が、家庭では母国語で話している。(9) だからライラが、同国人の兄弟とすら英語で話すというのは、ちょっと意外だった。まして彼女は、大人になってからアメリカに来ているので、アクセントが少し残っている。しかしライラは、英語を話す方が、アラブ語を話すより自然に感じられるのだと言った。これは、ライラの家にも彼女の兄弟の家にも、母国語しか話せない家族（老いた両親など）が同居していないせいだと気付いた。母国語を話さなければならない「必要性」がないからなのだ。

ライラはアメリカに来て5年後にアメリカ市民になった。5年というのは、市民権を申請する前に必要な待ち時間なのだ。彼女がアメリカに留まっている理由は、独身女性として、アメリカの方が機会が多いと思うからである。占拠された国では、職業を持続することなど出来ないからだ。帰った人もいるが、パレスチナは暮らしにくいと分かって、アメリカに戻っている。

「私は帰る国がないんです。だからアメリカが私の国だと思っていますわ」とライラは言った。

それにもかかわらずライラは、アメリカに永住するのかといえば、そうでもなかった。亡くなった父が、家族全員で住める家を建てる夢を持って、パレスチナに土地を買ってあった。パレスチナに今も残っている2人の弟が、将来家族全員が引退できるように、そこに家を建てたのだ。それは一世帯毎に独立したヴィラ（別荘）が五戸入っている家で、弟たちは同じ家を二棟建てた。彼らの甥姪たちは、パレスチナに行くとホテルに泊まらなくても、泊まる家がある。だから、ライラたちは少なくとも、祖国に帰って引退する計画はある。この話をするとき、ライラの顔は明るく輝いた。今はパレスチナに住むのは難しいけれど、近いうちに平和が訪れることを彼女は期待している。「ホラ、つい最近も、和平会議があったじゃありませんか」とライラは明るく言った。たいした打開策も出なかったようだが、何もないよりましだ。少しずつでも動いていれば、いつかは平和が訪れるだろう。祖国で財産を守ってくれている弟たちがいるのは、本当に有難い。

ライラの兄弟の妻たちは、一人のアメリカ人を除いては全員アラブ人で、ずっと結婚生活を続けている。ライラは、義姉妹はとても「良い人たち」だと強調した。アラブ人女性は、必ずしも「良い人」でなくても夫の意向に従わなければならない。しかしライラの義姉妹は大学教育を受けているから、盲目的に夫に服従しているわけではないのだそうだ。

ここでライラは、何故彼女が結婚相手としてアラブ人を探しているのかを説明した。

「アラブの男性と結婚すると、私の人生は保証されるんですよ。そういうことなんです。私は彼と永遠に共に暮らすんです。もしアメリカ人と結婚すると、彼が私のお金のために結婚したのか、明日浮気をするのか、明日私から去っていくのか分かりませんからね。だからいまだにアラブ人の男性を求めているんですよ。彼は伝統を守り、家族を守りますからね。」

もしライラが人生をやりなおせるなら、結婚して子供を持っただろう。それが彼女の人生に欠けていることだと思うからだ。しかし今となっては、それはもう大した問題ではない。それは彼女の心の中で、すでに決着がついた。だが結婚していなくても、パートナーがいたら、自分は今よりもっと成功していたと思う。

しかし、本当に良いパートナーが見つからなければ、結婚はしたくない、なぜなら「離婚は出来ないからですよ。私の文化では、妻は夫と生涯離れられないんです。」ライラは、ある意味では自分はラッキーだと思っている。気に染まない人に、ずっと尽くし続けなくてもいいからだ。だが振り返ってみて、あんなに仕事に没頭しないで、もっと自分にチャンスをあげるべきだったと思う。ロマンスに関しては、ただ成り行きにまかせていた。あればある、なければない、といわば運命にまかせて、仕事第一だったからだ。女性が若い時は、男性は助けたがるが、いざ男性と互角に競争を始めると、女性はガラスの天井にぶつかる。その時になって女性は、仕事にかまけていて失ったものに気づくのだと、ライラは感慨深げに言った。

ライラは最後に、自分が独身の女で、とくにアラブ系アメリカ人であることが、9月11日以降のアメリカでの人生を難しくしたと言った。

そうはいっても、ライラは5年前に、アメリカ人も羨望する海辺の高級住宅街に、一人住まいには広すぎるタウンハウスを購入して、悠々自適の生活を送っている。健康法として、ほとんど毎朝、同じ会社に勤める友人と、海沿いの道を一時間近く歩く。親切な叔母さんを慕って、姪や甥がしょっちゅう押しかけてくる。一見何不自由ない生活なのだ。腹を割って心の内を率直に語ってくれたライラに感謝して、私は彼女の家を辞した。

翌日ライラから電話があって、調子にのって喋りすぎたので、私の原稿を見たいと言う。それ以上にライラが気にしているのは、同じパレスチナ人がライラのインタビューを読んだら、何と思うかということだった。これがライラが、他のインタビューされた女性たちと全く違っている点だった。他の女性は誰も、祖国を代表して喋っているなどと思っていない。自分の個人としての生活や考えを喋っているのだし、私もそれが聞きたいと言ってあった。たとえ祖国の何かを批判しても、それは私見だから、一向に構わないのだ。ところがライラは、まるでパレスチナ人全員が、彼女が何を言うか監視しているかのように、彼らの反応を気にしている。これはどこから来ているのだろうか。それほどパレスチナ人の被害者としての意識が強烈なのだろうか。

いずれにしても、私は再びテープレコーダーを持って、ライラの家を訪れた。3時の約束だったが、なんと彼女は中近東の香り高い料理を作って待っていた。私は幸いにお昼が遅いので、有難くいただいた。チキンをにんにくやオリーブオイルや中近東特有のスパイスでソテーしたものに、いんげんやトマトが添えてあって、とてもやわらかく、美味しかったので、レシピーを教えてもらった。

彼女は原稿を丹念に読んで、ほとんどすべてに手を入れてしまった。それでも、私がどうしても変えてもらっては困るという箇所は残した。たとえば、彼女がパレスチナにいれば、自爆テロリストになっただろうというところだ。彼女が手を入れて、結局良かった。あいまいな表現が明らかになったからである。彼女は、いかにパレスチナ人が、イスラエルを支援する西欧社会に不当に扱われているか、そのために、いかにパレスチナ人が苦しんでいるかを、声を大にして訴えたかったのだ。そして兄たちや姉に対する批判を少しけずった。彼らに読まれると困るからと言って。やはり10人兄弟が、そんなにいつも和気藹《あい》々《あい》としていられるはずがない。仲良くやっていくには、それぞれがこうして自分を抑えているからだ、と私は思った。

（7）失業率45％。ニューヨーク・タイムズ紙。2005年8月18日。

（8）ほとんどのパレスチナ人は一日2ドル（約200円）以下で暮らしている。ニューヨーク・タイムズ紙。2005年8月18日。

（9）例外は、コンゴから来たミミだが、彼女の母国語はフランス語、夫の母国語はアフリカの現地語である。彼はフランス語も習ったので話せるが、アメリカの大学に行っているので、アメリカでは英語が二人の共通語となっている。

第5章　グレイス——弁護士（中華人民共和国）

（グレイスは13歳で米国に移住し、現在67歳。結婚していて、成人した息子が2人とその家族がいる。）

ショート・ヘアで、セーターにズボンという仕事着スタイルで現れたグレイスは、背筋のピンと張ったがっしりとした体格だが、とても可愛い顔立ちをしていた。67歳という年齢には見えない、と言いたいところだが、彼女の貫禄のせいか、ちゃんとその年齢に見える顔だった。インタビューを終えて、あれは彼女の人生が作った立派な顔だったのだ、と思った。彼女の法律事務所は、ロスアンゼルス市の東北に向かって車で40分ばかりのパサデナ市にあった。

グレイスは、中華人民共和国（以下、中国と省略）の上海で生まれ育った。グレイスの両親は、中国でキリスト教の宣教師をしていたが、1948年に、10歳のグレイスと7歳の弟を中国の祖母に託して、アメリカに留学した。父は神学で、母は宗教教育で博士号を取ることが目的だった。両親は、学位が取れたら中国に帰るつもりだった。しかし、翌年の1949年に、共産主義者が中国を制覇して、グレイス一家の状況は激変した。何ヵ月もの間、両親と祖母は連絡を取り合うことさえ出来なくなってしまった。

実はグレイスは、共産主義者たちが中国を制覇した、その歴史的瞬間を目撃している。あちこちで頻繁に銃が撃たれていて、恐ろしかった。そしてグレイスは、共産軍兵士たちが市の門を入ってくるのを見た。市民たちは怖がって、店を閉めてしまった。兵士たちは兵糧が尽きて、衰弱していた。そこで市民たちが出てきて、店を開けて、食料を与えた。それから政治がすっかり変わってしまい、共産主義への教化が始まった。グレイスは恐怖感で一杯になり、心の中でさまざまな葛藤を感じていた。すべてのことが、それまで習ってきたこととと、すっかり変わってしまったからだった。

グレイスは1950年の夏のことを、鮮やかに覚えている。その夏、グレイスの先生たちが、全員教化キャンプに行ってしまった。そして彼らが秋に学校に戻って来た時には、全員が共産主義に教化されていた。ある日、その先生たちの一人がグレイスに、両親に手紙を書いて、いかに共産主義が素晴らしいか、そしてすべてが素晴らしいので中国に帰ってくるように言いなさいと言ったのを、グレイスははっきり覚えている。グレイスはそんなことは信じなかったが、言われたとおりの手紙を書いた。先生はグレイスの書いた手紙が素晴らしいと言って、掲示板に張り出した。グレイスは家に帰ってから祖母に、自分のやったことは正しいと思わないけれど、やらなければいけないと先生に言われたから、やるしかなかったと言った。だからグレイスは、内心ものすごく葛藤を感じていた。

ついに1951年の1月になって、グレイスの叔父が、グレイスと弟を香港に連れて行った。当時香港は英国の統治下にあったので、米国との交信も可能だったのだ。そこで彼らは2年間近くすごした。当時アメリカに留学していた外国人学生は、家族を同伴してはいけないことになっていた。だから、その法律を変えるような、議会の特別法案が可決されてからやっと、グレイスたちはアメリカに行くことが出来たのだった。両親とは3年半ぶりの再会だった。

それなのに、一家が合流した7週間後には、父は再び家族のもとを去ることになった。彼は博士号をとって、台湾のバプチスト修道院の院長の職を得たからだった。キリスト教徒の彼は、共産主義下の中国では働けなかったのだ。そのまま父は台湾に7年半滞在した。

「だからその約10年の間で、私が父と一緒に暮らしたのは、たった7週間だったんですよ」と、グレイスは淡々と言った。

グレイスはアメリカに着いて二日目に、公立の中学校に入れられた。そのときの彼女の英語の知識といえば、ＡＢＣに毛の生えた程度だった。その中学校の校長先生は賢明だった。二人の優等生の少女を、グレイスのガイドとしてつけてくれたのだ。そして3ヵ月たったら、グレイスはどうやら、日常生活に支障の無い程度の英語を話せるようになっていた。もっともその3ヵ月間というものは、何とかお互いに分かり合おうとして、身振り手振りをさかんに使ったものだった。そしてグレイスは、どうにか級友たちに追いつくことが出来た。当時、ESL（英語が母国語でない人のための英語教育）などというものはなかった。グレイスはアメリカ人の生徒たちのど真ん中に、いきなりポンと放り込まれただけだった。「それが良かったんです」とグレイスは確信を持って言った。

グレイスの母が、英語の古典文学の本を沢山グレイスに与え、分らない言葉に下線を引くように言った。本はまたたくうちに下線で一杯になった。当然ながら、そんな本を読む英語力など、グレイスにはなかったからだ。ABCよりちょっとましな程度の英語力の子供に、20年間も英語を習った母が、自分の読んだ古典文学をいきなり渡すのも乱暴な話だが、親には二通りあると思う。手取り足取り子供の世話を焼くというか、スプーンで食べ物を口に運んでやるような親と、「私について来い」と言わんばかりにさっさと先に行って、親の後ろ姿を見て学ばせるような親だ。グレイスの親は二人とも、後者であったようだ。

ともあれ、まわりの援助を得て、グレイスの進歩は早かった。勉強以外にも、彼女はバイオリンとピアノとビオラを6年間、学校のオーケストラで弾いた。彼女はそれらの楽器を、アメリカに来てから習った。もっとも中国に住んでいた時、祖母がよくピアノを弾いていたので、音感はあった。

グレイスの母は、中国の伝統を彼女に押し付けたりはしなかったが、家庭で中国語を話すことは奨励した。というのは、一家はいずれ中国に帰ると信じていたからだ。だから今でもグレイスは、中国の3つの言語を流暢《りゅうちょう》に話せる。北京語と広東語と上海語である。中国の公用語である北京語は中国の学校で習い、広東語は香港に2年間住んでいた時覚えた。上海語は彼女が生まれ育った地元の言葉だ。

グレイスがアメリカに来てから3年後に、母も博士号を取って、グレイスの弟だけを連れて、台湾の夫のところに戻った。グレイスは、高校と大学に行くために、一人でアメリカに残った。理由は、台湾で高等教育を受けるのが困難だったからである。というのは、グレイスは3年半の間、もっぱら英語の勉強を集中的にやっていたために、中国語が遅れてしまっていたからだ。もしグレイスが台湾に行ったら、中国語の学校でついて行けなかっただろう。台湾のインターナショナル・スクールに入れれば、そこでは英語で授業が行われていたが、今度はアメリカの大学に行けなくなっただろう。なぜなら当時台湾では、大学教育を終えてからでないと、アメリカに留学させなかったからである。では弟は、なぜ台湾の学校に入れたのか？　それは彼がまだ小学生であったことと、これはグレイスの両親に限らないが、やはり中国男子は中国の学校教育を受けていないと、将来一家の生計を立てていかれないとの思いが、両親にあったからである。

母は台湾に行く際に、グレイスにこう教えた。「アメリカには沢山の学ぶべき良いことがある。私たちの文化にも保存すべき良いことが沢山ある。だからそれぞれの文化の最良の点を保っていけば、あなたは大丈夫よ」と。母が台湾に去った後、グレイスは高校卒業までアパートに留まり、大学では寮に入った。

子供たちと何年もの間離れて暮らしたグレイスの両親は、伝道生活に身を挺していたらしいことを考慮に入れても、普通ではない。彼らの強さというか、自立心はどこから来ているのだろうか。「こと女性に関しては、私は面白い背景を持っているんですよ。」とグレイスはその祖母の代から語り始めた。祖母は未亡人になった時、14歳から7歳までの3人の子持ちだった。当時のことだから、祖母は読み書きが出来ずに嫁入ったわけだが、未亡人になってから読み書きを勉強し、夫が残した写真館の経営を覚え、その上ピアノやオルガンを弾くことを覚えた。3人の子供を育てながらである。そして祖母はキリスト教徒となり、伝道活動にも身を入れた。

グレイスの母は、上海の大学に行き、そこで未来の夫に出会った。アメリカに来る前は、何年間か先生をしていた。だからグレイスの祖母も母も、とても自立心に富んだ生活を送っていて、向学心に燃えていたのである。グレイスの祖母ときたら、自分が読み書きを習った後、小さな学校——おそらく今で言う学習塾みたいなもの——まで開いた。
グレイスの祖母の時代に、女性がこんなに自立していて、活発に社会的な活動をするということは、前代未聞だった。これは共産主義が中国を席捲するずっと以前のことで、儒教が社会の基調をなしていた時代である。当時の中国の一般女性は、伝統的な家庭中心の生活を送っていた。それでもすでに、数は少なかったかもしれないが、活発に社会で活動して指導的な立場にいた女性が、中国の歴史を読めばいるはずだとグレイスは言った。ところでグレイスの祖母は、100歳と7ヵ月まで生き延びたというから、彼女はあらゆる面で驚嘆すべき女性だったようだ。

アメリカにいてもグレイスは、ずっと中国に帰りたいと思っていた。しかし、冷戦が何年もの間、中国とアメリカをへだてていて、グレイスのような在米中国人は、中国と通信すら出来なかった。グレイスは、いくら望郷の念が強くても、帰ることは不可能だったのだ。事実グレイスの母は、1978年にニクソン大統領によって米中の国交が回復して初めて、丸30年ぶりに、やっと自分の母親を訪れることが出来たのだった。グレイス自身も1982年に、中国を後にしてから初めて、31年ぶりに祖国を訪れた。祖国は大変な変わりようだった。グレイスも44歳になっていた。そして、すっかり年をとった祖母に会えて、それはそれはうれしかった。

もし共産主義者たちが中国を制覇しなかったら、グレイスは両親の帰りを中国で待っていて、アメリカに移住して来なかったはずだ。そのせいもあるかもしれないが、グレイスはインタビューを通して、自分は文化的には非常に中国的だと強調した。子供の時にアメリカに来ているのに、まるで成人してから移住してきたかのように、一向にアメリカナイズされていないから、と言いたかったのだろう。グレイスはいわゆる「黄色いバナナ」ではないのだ。これは「肌は黄色くて東洋人だが、中身は白くてアメリカ人」の例えである。グレイスは中も外も黄色いのだ。「私は情緒的には、中国人なんです。アメリカで何年間も学校に行きましたが、私の考え方、哲学は、古来の中国文化と同じなんです。」それにグレイスは、アメリカにこんなに長年、しかも子供の頃から住んでいるのに、食べ物に関しては中国料理でないとダメという点で、「私は変わり者ですわ」と言った。ほかの国の料理もたまに食べるが、2日もそれが続くと、無性に中国料理が食べたくなる。毎日が中華料理でもあきない。

ここでグレイスは、「もうひとつの戦争」について語り始めた。「私の人生で、私は共産主義戦争ばかりでなく、日本との戦争も経験したんですよ。これはとても辛いものでした。私の父は、キリスト教徒だということで、手に焼けた石炭を握らされて拷問されたんです。ですからこれは、私と家族にとって、いやな経験でした。」私は「まあ、本当にすみませんでした！」と旧日本軍隊に代わって謝罪した。「いいえ。長いことこれを克服することは難しかったけれど、やがて私もその頃の状況が分かるようになって、心の整理がつきましたよ。」

いずれの国も、世界の歴史を自国の観点から編集し、大なり小なり書き換えるものである。これは、自国の汚点とか過失に目をつぶる形をとることもある。だから、日本の軍隊が戦時中に外地でやったらしいことを、私はアメリカに来て始めて知った。それは恥ずかしいことでもあり、当惑することでもあった。しかし中国も、歴史を書き換えた点においては、日本に負けないのではないか。それでもグレイスは、私を日本人と知った上で、私にインタビューをされることに同意したので、今では日本人に対して人種的偏見を持っていないようであり、事実彼女はそう言った。

人種的偏見といえば、実はグレイス自身、アメリカで人種偏見の的になったこともある。非白人に対する偏見が、そうあからさまにではないけれど、アメリカに今もあることは、彼女自身が経験することだ。それは家を借りたり買ったりする時である。だがそれはそれとして、グレイスの哲学は、マジョリティの社会に出来るだけ同化することである。それと同時に、自分の文化的背景も出来るだけ保つようにしている。グレイスは、移住してきた者は、語学と教育の面で出来るだけ新しい国に同化することが、最も大切だと思っている。彼女は、言葉こそが人種的偏見を解決する鍵だと信じている。

「その国の言葉を出来るだけマスターすれば、ほとんどの誤解はとけると思うんですよ。」

これは、13歳でアメリカに来たグレイスだからこそ言えることで、大人になってから移住してきた者にとっては、分かっていても容易にできることではない。10代の後半以降で移住すると、どうしてもアクセントが微妙に残ってしまうからだ。その意味で、グレイスの言葉は、移民にとってはいささか残酷と言えよう。しかしヘンリー・キッシンジャー氏のように、重いドイツ語訛りを残しながら、アメリカの国務長官にまでなった人もいるのだから、移民は英語のハンディキャップにめげないで、努力すればいい。ちなみに、ある新聞記者がキッシンジャー氏に、「あなたは何十年もアメリカに住んでいて、奥さんはアメリカ人なのに、どうしてドイツ語訛りが抜けないんですか？　あなたの弟さんは綺麗な英語を話すのに」と質問したら、「弟はもっぱら人の話を聞き、（だから英語の発音を学ぶが）、私は人の話を聞かんで喋ってばかりおるからだ」と答えたそうな。

グレイスが1970年の終わりから1980年の初めにかけてロースクールに行った時、アジア人学生は少ししかおらず、アジア人の女子学生となると、ほんとに数えるほどしかいなかった。ところが今は、膨大な数の中国人弁護士がいる。男も女もである。彼らが次の世代なのである。そして彼らが、社会に貢献する。こうして世代が経て、異人種間の結婚が繰り返されるうちに、偏見もなくなるとグレイスは信じている。

グレイスが法律を職業として選んだのは、人生の半ばに達してからである。その動機はというと、テキサスの大学で生物学と音楽を専攻し、カリフォルニアに移って臨床医学研究所の研究員として働いていたある日、彼女は自問した。「これが今後20年間私がやりたいことかしら？」そうではないと結論して、もっと知的挑戦を求めて、昼間フルタイムで働きながら、夜学に4年半通って法律の学位を取ったのだった。彼女には世話をしなければいけない家族もあった。彼女の夫は、20年間大学院に通ったような人で、亡くなった時には6つも学位を持っていた。その影響かどうか、グレイスはとにかく知的挑戦が欲しかった。しかし弁護士になるなどとは思ってもいなかった。だが、ロースクールに入るやいなや、彼女は病みつきとなった。すごい挑戦だったからだ。彼女は常日頃、自分は自然科学者で、社会科学者とは思っていなかったが、新たな社会科学の分析法を学んだのだ。

法律をやって良かったのは、自然科学とはちがった分析の方法を学んだことだった。自然科学では物事を黒か白に見るが、法律ではグローバルな見方をする。ひとつの問題について、いくつかの視点から見る。これが自分自身にとって、とてもよかったとグレイスは思っている。というのは彼女は、ひとつの問題を決して一方からのみ見ることなく、二方面からのみ見ることもなく、多方面から見るようになったからである。

長い目で見て、法律の学位を取ったことは本当によかったと思っている。それから夫も亡くなって、グレイスは弁護士になり、今では仕事を楽しんでいる。中国にいたら、弁護士の職業を、多分選ばなかっただろう。というのは、「中国ではその機会はなかったと思いますよ。アメリカにはすごくいろいろの機会があると思います。たとえば何かやってみたければ、たとえそれを使うことがなくても、やることが出来ます。」そしてアメリカでは、新たに大学に入って学位をとるのに、年齢制限がほとんど無い。グレイスがロースクールに行ったのは、38歳の時だった。

「私たち女性は、若い時は子供や家庭の世話にかまけていて、どこに自分の才能があるのか、長所があるのか、知らないで過ごしてしまうんですよ。ずっと後になってから、キャリアを始める女性が沢山いますわ。そしてそれをさせてくれるアメリカは素晴らしいと思います」とグレイスは言った。そして自分は、中国文化とアメリカ文化という'the best of both worlds'(両国の最良の点)を享受していると言った。

グレイスがアメリカに来てからもっとも辛かったことは、比較的幼い時からの両親との別離だった。しかも同時に、アメリカという異国で自立して、生きてゆくことを学ばねばならなかった。グレイスの世代の中国人にとって、アメリカで自立することは、想像以上に難儀なことだったのである。というのは、当時の中国では、たいていの家で使用人を沢山使っていて、それが当たり前だったのに、アメリカでは何から何まで自分でやらなければばならなかったからである。掃除、洗濯、料理にしても、そういうことを生まれて一度もしたことのない人間にとっては、やり方も始めは分らなかった。米は水を入れて炊くということすら知らなかった。もっともグレイスにとって幸いだったのは、そういうことを彼女は、アメリカで人生の早い時期に学んだということである。グレイスの夫は若死にして、彼女は二人の男の子と残された。「そういう中で、子供を育てながら生きのびていった時期が、一番辛かったですね」と彼女は言った。

しかしグレイスの試練は、それで終わりではなかった。彼女は2000年に、古くからの友人と結婚したが、結婚後4ヵ月もしないうちに、その夫が亡くなってしまった。更に2年後に、グレイスは肝臓がんと診断された。そして肝臓移植を受けて、それにも生き延びた。グレイスの外見には、そのような試練を受けた様子が全く見られない。「私は大変元気です。私にとっては奇跡としか思えません。だって私は余命6ヵ月の宣告を受けていたのですから。」

グレイスは、たとえアメリカに移住しないで中国に留まっていたとしても、自分の外見やマナーは現在と大差ないと思っている。しかし内面的には、アメリカにいたことで良いほうに変わっていると信じている。それは自立する心を学んだことで、これは依存心より良いことだと信じている。グレイスがアメリカに来たのは若干13歳の時だったが、それでも彼女はある夢を持っていた。「私は実はオペラ歌手になりたかったんですよ」とグレイスは笑った。それから医者になりたいと思った。だから大学で、医学部進学課程の授業をずっと取っていた。ところが卒業と同時に結婚してしまって、子供が出来てしまったので、医者にはなれなかった。だが今ではそれを後悔していない。

グレイスがアメリカで最も好きなことは、現在自分が持っている自由、つまり、何でもやりたいことを、いつでもやりたい時にやれる自由である。それは仕事をする上の自由ばかりではない。ほとんどの場合が、自分個人の生活にかかわる自由である。隣人すらも、彼女の私生活や意見に一切干渉しないというのが実にありがたい。早い話が、彼女の年齢で再婚したら、中国だったらとやかく噂をされるところだ。だがアメリカ人は、この自由に慣れきっており、当然だと思っている。この恩恵を失ったらいかに窮屈かが分かっていない。だからこれを保護する努力を充分していないのが嘆かわしい。アメリカは物資も自由も豊富だが、人々はその両方を浪費する傾向にある。

ふりかえって祖国はといえば、共産主義者が権力の座についてからは、それ以前のようには自由でなくなり、身の安全を心配しなければならなくなった。今は随分良くなったが、アメリカのような個人的自由は望めない。ただ中国人の美点のひとつは、物資を倹約して使うことである。「中国では、今でももっと物を倹約して使っていますわ」とグレイスは言った。実は資源の乏しい日本も、物資を倹約することにおいては中国に負けない。私はいつも日本の台所の布巾《ふきん》を見るたびに、これこそ資源の少ない国の知恵のあらわれと思ってしまうのである。物資が豊富になって、使い捨てのペーパータオルが公衆トイレにまで設置されても、布巾は多彩な色やデザインで豊富に出回り、倹約日本文化の象徴であり続ける。アメリカにもキッチン・タオルはあるが、これは台所で皿か手を拭くことに限られていて、日本の布巾のように、洗っては絞ってテーブルを拭いたり、茶巾絞りやだし汁を漉《こ》すなどの料理用具と変じたり、果ては客用おしぼりとして接待用具と化すなど、八面六臂の活躍をすることはない。

グレイスがたった一人で異国に残されたのは16歳の時だった。にもかかわらず、というよりは多分そのために、グレイスは沢山の良い思い出も持った。「それについて本が書けるくらいですよ」と彼女は言う。必要な時に世話をしてくれる、家族ぐるみの友人もあった。たとえば彼女が17歳の時、盲腸炎になったのだが、その人たちが彼女を病院に連れていってくれた。それからカリフォルニアに行く汽車の中で、以前彼女の両親に会ったことがあるカンザス州の年取ったご夫婦に出会い、それ以来5年間、彼らがカリフォルニアからカンザスまでの汽車の切符を送ってくれて、クリスマスを彼らの家で過ごさせてくれた。彼らはキリスト教徒だった。

アジア人は家族の絆が強くて、家族同士はよく助け合うが、アメリカ人はむしろ、あかの他人に対して援助の手を差し伸べる傾向がある。それは、国民の83パーセント（2005年）が、信仰の程度の差こそあれ、一応キリスト教徒であることと関係があるかもしれない。自身もキリスト教徒であるグレイスは、長年一人ぼっちだったので、「絶対に誰かを祭日に、とくにクリスマスとサンクスギビング（勤労感謝の日）に、一人ぼっちにさせない」という誓いを自分自身に立てた。そしてそれを何年間も守っている。だからここ何年もの間、彼女の家には知らない人たちが大勢来て、家族のように一緒に祭日を過ごしている。「私が以前そうだったような境遇にある人たちを援助することが、私の一種の目標になっているんです」と彼女は言った。

こういう自発的な奉仕以外にも、彼女は地域活動に活発に参加している。たとえばパサデナ市のシニア・センターの理事の一人となって、理事会に参加し、さまざまの行事が円滑に実施されるよう助言している。彼女はまた、シカゴにある臓器移植機構の倫理委員会にも所属していて、一年に二回、委員会に出席する。またアメリカ肝臓基金のためにも、寄付をするなどの形で、出来るだけのことをしている。

グレイスがアメリカに住み続けるのは、人生の大半をアメリカで過ごし、子供たちもアメリカで生まれているからである。アメリカの中でもカリフォルニア州にとどまっているわけは、「気候のせいです」と彼女は笑った。ほかに理由はないのかと押して訊くと、「機会があるせいでもありますわ。アメリカ全体もそうですが、とくにロスアンゼルスはね。」彼女の息子たちは、中国人姉妹とそれぞれ結婚している。姉妹は読み書き共に中国語に堪能だが、グレイスの息子たちは中国語が全く分からない。しかし母の人生に何が起こったかはよく知っており、評価している。「息子たちは私がアメリカで、彼らのためと私自身のために送った人生を、大変誇りに思っています」とグレイスは言った。

人生の半ば近くになってアメリカに移住した人たちと違って、グレイスは人生のほとんどをアメリカで過ごしている。彼女の教育、仕事、家族——すべてはアメリカで起こったことだ。だから「アメリカに永住すると思いますか」と聞いた時、彼女がしばし沈黙したことに私は驚いた。間髪を入れず「イエス」と答えると思っていたからだ。

「中国に帰って引退することを考えたことが、一度ならずあります。10年ばかり前のことです。でも今は、子供たちが孫を持っていて、私が中国にとどまることは難しくなりました。」なぜ中国に帰ろうと考えたのだろう？「なぜなら、中国に行くと、私はただちにこの生活に馴染むからなんです。本当に奇妙なことですが、自分でも驚くんですよ。どうしてそうなるのか、とても興味がありますわ。一分と時間がかからないんですよ。私は中国で全く幸せなんです。私の中国語にはアクセントが全くありません。みんな私がどうしてこんなに中国語がうまいのか驚くんですよ。」

グレイスが比較的年少の頃アメリカに来たにもかかわらず、母国語を失わなかったのは、家庭で16歳まで母親と中国語を喋っており、その後も中国語で手紙を書いていたせいだ。おまけに大学卒業後まもなく結婚した相手は、インドネシア出身の中国人だったので、家庭内で英語と共に、中国語も喋っていたからだ。それほどに自然な中国語を喋るからこそ、彼女は中国に帰っても、親族や友人のみならず、他人にまで受け入れられて、我が家に帰ったようにくつろげるのである。従って彼女は、「その国の言語をマスターすることが、その国に同化することの鍵」との彼女の信念を、逆の状況においても、自ら検証していることになる。

最後の質問に対してグレイスは、人生に悔いはなく、もしやり直せたとしても、やはり同じことをしたと思うと言った。

第2部

第1章　マリエッタ——看護婦（フィリピン）

（マリエッタは19歳で米国に移住し、現在54歳。結婚していて、成人した娘が2人とその家族がいる。）

スポーティなジーンズのパンツスーツに包まれたマリエッタの体は、健康ではちきれそうに見えた。はじけるような笑顔も、若々しく美しい。マリエッタは、外国の国家元首や、先頃亡くなったエリザベス・テイラーも患者だった、有名なシーダーズ・サイナイ病院の、外来部の主任看護婦である。看護婦は多忙で、勤務時間も不規則だ。マリエッタがインタビューの前日、その打ち合わせのために電話をくれたのは夜の11時半で、今勤務が終わって帰宅したばかりだと言った。そしてインタビュー当日は、早朝6時から勤務している。正味5時間も寝ていないだろうに、マリエッタの顔には疲労の影もなかった。

マリエッタは、ビバリーヒルスにある外来手術センターの看護婦も兼務している。最近このような、外来患者を専門に扱う手術センターというのが増えている。大病院の医師が、自分のスタッフを同伴したり、センター専属のスタッフを使って、日帰り出来る患者の手術や検査を行うのだ。アメリカでは治療医学もだが、予防医学の進歩はすさまじく、このようなセンターは、定期検査で押しかけてくる人たちで大にぎわいである。マリエッタはこの日、センターでの勤務が終わり次第、私の家にインタビューに直行して来たのだ。フィリピン人は客を暖かくもてなすことで知られているので、私も彼女に遅い昼食を出すことにした。私がインタビューした人たちの幾人かが、私にしてくれたように。

実はマリエッタのインタビューが決まる迄に、数人のフィリピン人の看護婦が、多忙と勤務時間が不規則という二つの理由で、インタビューを辞退してきた。私が「フィリピン人の看護婦」と言って、ただ「看護婦」と言わなかったのは、ロスアンゼルスばかりかアメリカ全土の大都市で、フィリピン人看護婦が「氾濫」しているのが現代のきわだった現象なので、世界の女性のインタビューを企画した時、フィリピン人の看護婦をぜひその一人に加えることに決めていたからだ。ロスアンゼルスの病院に行くと、受付から入院病棟に至るまで詰めている看護婦の、過半数がフィリピン人と思ってまちがいない。看護（看護夫も含まれるので）業は、まるでフィリピンの国家産業か国民的職業と言えるほどだ。

何故それほどまでに、フィリピン人の看護婦が、アメリカで重用されるのだろうか。第二次大戦終了まで、半世紀にわたってアメリカの植民地だったフィリピンでは、現在でもフィリピンの公立学校や専門学校の教育が、アメリカ方式で英語で行われているからである。しかしもう一つの、もっと大きな理由は、フィリピン人の国民性——雇用主に対する忠誠心や、老人や病人に対する優しさ——が、看護業にぴったりだとみなされているからである。(10) だがマリエッタのインタビューを通して、フィリピン人がアメリカの看護業を支配するようになった、もう一つの重大な理由があることがわかった。

マリエッタは、フィリピンの首都マニラから車で一時間くらいの、サンタ・クルズという地方で生まれた。マリエッタの母は、なかなか魅力的な女性だったらしく、夫が第二次大戦で戦死して未亡人となり、4人の子供を育てているうちに、アメリカ海軍の軍人に見初められた。彼はフィリピン人だが、アメリカに帰化していた。そして二人の間にマリエッタが生まれた。しかし父はすでに他の女性と結婚していたので、マリエッタは庶子だった。だから子供心に劣等感を持って育ったと、マリエッタは可愛い顔を曇らせて言った。だが、マリエッタが看護大学に行く学費を、母に代わって工面してくれたのは、マリエッタの4人の異父兄姉だったのである。彼ら自身は、せいぜい高校しか出ていないのにもかかわらず。一番下の兄が、マリエッタより10歳も年上だったので、マリエッタが大学に行く頃には、兄や姉は皆働いていた。そしてマリエッタを「それこそ舐めるように」可愛がってくれた。だから彼女は、その兄や姉に、今でも心から感謝している。

マリエッタ自身は、栄養士か医療技師になりたかったのだが、母親が看護婦になれと言った。「私の国の習慣では、親が子供のことをすべて決めるんですよ。だから母は、看護婦になるか、でなければ大学には行かせないって言ったんです。お金を兄や姉が出すこととは関係ないんです。勿論私は大学に行きたかった。兄や姉のようにはなりたくありませんでしたからね。」

そうして彼女は2年間の看護大学のコースを終えた後、3年間のインターンを務めた。看護婦になるには、この5年間をセットとして終了するのが規則だったからだ。ただちに筆記試験と口答試験から成る看護婦の国家試験を受けて、見事に合格した。そしてマニラ市内の病院で、正規の看護婦として勤務しはじめた。しかし彼女はもっと勉強して、「看護学士」の資格を取りたかった。短大相当の現在の学歴では、「準看護士」の資格しかなかったからだ。そこで、働くかたわら大学に通い始めたが、一学期が終わったところで、学業を中断することになった。アメリカに行く機会が舞い込んできたからである。

看護業は、当時も今も、フィリピンでは大変人気のある職業である。今では男性も、看護を職業として選んでいる。しかも看護大学院にまで行く男性もいる。1977年にすでに、マリエッタの37人のクラスメートのうち、4人が男性だった。フィリピン人が看護婦になりたがるのは、看護業が理由はともあれフィリピンの国民的職業だからなのだと私は思っていた。そしてそのうちの何割かがアメリカに来るのだと。ところが「それは逆なんですよ」とマリエッタに言われて驚いた。「かれらはアメリカに来るために、看護婦になりたがるのです。」看護婦になった結果、アメリカに来るではなくて、アメリカに来ることが、看護婦を職業として選ぶ理由なのである。

「私の国はとても貧しいんです。すべてのフィリピン人にとって、アメリカは最高の機会で、良い収入源なんですよ。私が母国を出た時は、マルコスが大統領でした。金持ちはものすごく裕福なのに、庶民はとても貧しかった。考えても見てください。私の月収が当時650ペソで、これをドルに換算すると……20ドルにも足りないんですよ。そしてマニラの私の一間きりのアパートの家賃が300ペソもしたんです。だから私たち全員が、機会と収入のためにアメリカに行きたいと思っていました。」

しかしマリエッタ自身は、特にアメリカに行きたいと思ってはいなかった。全く知らない所に行くのが怖かったからだ。それにもかかわらず、彼女がアメリカに来ることにしたのは、すべてのフィリピン人がいつの日かアメリカに来ることが、国民的指針となっていたからだった。看護婦になることは、アメリカへのパスポートだったのだ。それが最も早い近道だったのである。だから看護大学で勉強中も、彼女はいずれアメリカに来ると思っていた。

1977年の5月に、一人でアメリカに来た時、マリエッタはすでにH―1と呼ばれるアメリカでの労働許可証を持っていた。移民としては羨むべき立場にあったのだ。これは、彼女がアメリカの或る養護施設に直接雇われたからである。マリエッタには当時、ミシガン州のアン・アーバー市にある養護施設で、院長の秘書をしていた従姉がいた。この従姉が院長に、「看護婦は要りませんか？　私の従妹のスポンサーになってくれませんか」と頼んだのだ。こうしてすべてが始まったのである。

この幸先の良いすべり出しにもかかわらず、アメリカに来る決心をするのは、容易ではなかった。住みなれた街や親兄弟と離れて、見知らぬ遠い所へ行く不安。また、アメリカに住んだ当初の印象も最悪だった。従姉が自分のアパートに連れて行ってくれて、2、3ヵ月置いてくれたが、従姉はボーイフレンドと同居していたので、マリエッタは身の置き所がない思いをして暮らした。そしてデトロイト市の新しい職場に移り住むことになった。「オールド・シニア」とよばれたこの職場は、養護施設ではなく、高齢者ばかりが集まって住んでいる賃貸アパートだった。この職場で若い人に会うことは、皆無と言っていいくらい無かった。マリエッタはアメリカの食事にも慣れなければならなかった。そこは白人ばかりだったからだ。そして従姉にも滅多に会えなかった。二人とも働いていたし、デトロイト市とアン・アーバー市は、バスで小一時間かかったからだ。マリエッタは、電話もテレビもないアパートで惨めだった。アパートといっても、ベッドがやっと一つはいるくらいの空間しかなかった。まるで「独房」に居るような気がした。彼女はホームシックにかかって、3ヵ月間泣き暮らした。おまけにデトロイトには豪雪が降る。マリエッタは大の寒がりなのだ。フィリピンは乾期と雨期しかない暖かい国なのである。とてもこんなところには住めないと思った。マリエッタは母国に帰ろうかとさえ考えた。しかし母が経済的に頼りにしているのは自分だけだと思うと、自分はここに留まらなければいけないと考え直した。「仕方がなかったんです」と彼女は言った。

ミシガン州にいた間に、マリエッタは看護婦の州試験を受けたが、見事落第した。もう一度受けるチャンスがあったが、再び失敗した。実はこれはマリエッタに限らず、外国人には難関なのである。「試験の内容が難しかったのではなく、形式が違っていたから」と彼女は言った。確かにそうだったのだろう、フィリピンでは、彼女は国家試験に一度で合格したのだから。マリエッタたちは多肢選択方式の試験には慣れていなかった。それに、一つ一つの選択肢が、実に「ずるくというか、意地悪く」出来ていた。すべて正しいが、一箇所だけ落とし穴になっているというふうに。マリエッタが内容が理解できなかったわけではなかったが、文章も、「うっかりするとだまされるような」書き方だった。

たしかに二重否定などを使った意地悪な文章が、アメリカで免許をとろうとする外国人泣かせとなっていると聞く。ロシアやイランで歯科医や技師だった人たちが、アメリカに来て州試験に受からないばっかりに、タクシーの運転手をやっている例を、私は何度も見てきた。またフィリピンで正看護婦をしていた人で、アメリカの看護婦試験に3度落ちて、あきらめて在宅患者の付添婦に甘んじている人も知っている。最近は試験がコンピューターで行われるため、最新技術に馴れていない外国人は、なおさらハンデを負っていることになる。

州試験に受からなかったので、マリエッタの一年間の労働許可証は、期限が切れてしまった。当時、試験に受からないと、ただちに強制送還だった。しかしマリエッタは考えた。自分はすでにアメリカにいるのに、母国に戻らなければならないのは理屈に合わないと。だがデトロイトの職場もやめざるを得ない。だから翌年彼女は、従姉妹たちのいるカリフォルニア州に移り、今度は別の州試験にいどんだ。勿論働かなければいけないから、仕事から仕事に移りながら、一年間に3度挑戦して、3度目にマリエッタはアメリカの正規看護婦となることを得た。

しかし大変だった。彼女はすでに労働許可証を失っていたので、雇用主にそれを見せろと言われたら、やめて次の仕事を見つけざるを得なかったからだ。この期間、彼女は違法滞在者だったわけである。そして何はともあれ移民書類をきちんとしたかったので、マリエッタは永住権のあるフィリピン人と結婚して、永住権を申請した。1979年のことだ。

だが結婚しなくても、マリエッタの父親に永住権のスポンサーになってもらえなかったのだろうか。実は結婚する前に、それもやろうとした。ところが大勢の人が、ありとあらゆる方法で永住権を取ろうとしているために、審査が非常に厳しくなっていることを知った。特にマリエッタの場合は、父を実父であると証明しなければならず、そのための手続きが非常に沢山あって、マリエッタはいったん母国に帰らなければならなかっただろうし、マリエッタの父も、裁判所に出頭して審査されなければならなかっただろう。そこでマリエッタは思った。祖国には帰らない、アメリカに戻れないかもしれないから、と。

こうしてマリエッタは、アメリカに来て最初の2年間に、アメリカの正規看護婦の免許を取り、結婚し、永住権の申請をした。もっともグリーンカードが実際に届いたのは、1983年で、マリエッタが第二子を出産した後だった。彼女はその年をよく覚えている。名実ともに、晴れてアメリカの合法滞在者となった年だからだ。ところがアメリカ市民になった年のことは、それよりも数年後だったにもかかわらず、「随分前なので覚えていない」と言う。

この間彼女はずっと働き続けた。州試験にパスする迄は、看護助手として働きながら、また労働許可証を失った後は、看護訓練士の免許に挑戦した。滞在許可証が無いのにそういう試験を受けられたのは、すでに請願書を出していたからだった。それに弁護士もついていた。弁護士さえいれば誰もタッチできないと、マリエッタは笑った。アメリカの真髄を突いている。彼女は弁護士を、フィリピン人向けの新聞の広告で見つけた。一方、アメリカ移民局も、看護婦は需要が多いので、病院に協力して看護婦が労働許可証や永住権を取り易くはからってきた(11)。

マリエッタは正規の二つの職のほかに、三つ目の職を何年も持ってきた。最初の夫と結婚13年目に離婚したので、二人の娘を育てるために、もっともっと働かなければならないと思ったからだ。

マリエッタは、祖国には無いアメリカの自由と、機会の平等が好きだ。アメリカには自由がある。金持ちも貧乏人も、同じ物を食べている。フィリピンでは金持ちだけが、ぶどうやりんごを食べられる。それにアメリカではデートするのも自由だが、フィリピンではマリエッタは18歳まではデートも出来なかった。マリエッタの母の時代には、フィリピン人は十代の終わりに結婚したものだが、マリエッタの時代になると、早婚を防ぐための規制ができた。あまり早く結婚して、子供を沢山産むことがよくなかったということを、フィリピン人は経験から学んだのだろう。

しかしアメリカの自由は、かならずしもマリエッタの嗜好にそぐわないこともある。忘れもしない。次女が13歳の時、彼女にボーイフレンドが出来た。勿論マリエッタは気に入らなかった。が仕方がなかった。アメリカでは、子供を親の命令に従わせることは出来なかった。親の権威はフィリピンの方があった。米国で親の権威がないのは、米国の法律のせいかもしれないとマリエッタは思う。肉体的にでも言葉ででも虐待を受けた者は、それが十代の娘であっても、たとえ加害者が親であっても、いつでも警察を呼ぶことができるからである。

離婚後に二人の娘を育てていた頃が、アメリカに来て一番辛い時だった。娘たちはまだ小学生だったし、マリエッタを助けてくれたであろう母や義姉も、まだアメリカに来ていなかったからだ。外国で、不規則な時間帯で、祖国にお金を送るために二つも三つも職を掛け持ちしながら、二人の娘を育てることが、いかに大変だったか想像できる。もっともそれをさらりと言ったマリエッタの顔には、その苦労の跡は見られない。現在は再婚はしているものの、新しい夫は娘たちの父親ではないので、マリエッタは今でも娘たちを育てる責任は、自分一人にあると思っている。その親としての責任を果たすため、また異父兄や異父姉に経済的にお返しをするため、マリエッタは健康なかぎり働き続けるつもりである。

マリエッタはアメリカに何の批判も持たないが、ただ、フィリピン人の看護婦が今よりずっと少なかった1970年代に、フィリピン人看護婦に対する偏見があったような気がした。でもそれは自分たちの英語のせいなのだとマリエッタは説明した。今では彼女は、ほとんど完璧な英語を話すし、アクセントもないが、当時はそうではなかった。特に、いまだに困ってよく失敗するのは、フィリピン語であるタガログ語には「彼」とか「彼女」という性別が無いので、英語を使うとき、うっかりそれを取り違えることである。実はそれを、つい先ほどやったばかりだった。「私が担当している男性の患者のことを、ドクターに提出するレポートに、『彼女』って書いちゃったんですよ」とマリエッタは、失敗した小学生のような顔をした。私は以前フィリピン人の家政婦を雇っていたことがある。彼女は母国で教員助手をしていたので、教育レベルは高かったらしいが、「彼」と「彼女」をしょっちゅう取り違えていたものだ。

「彼」と「彼女」の問題はさておき、アメリカ人患者とのやりとりは、彼らのアクセントのせいで、いまだにラクではないとマリエッタは言う。「正直言って、私の耳には、彼らはただモゴモゴ言っているようにしか聞こえないんですよ。とくに黒人の英語ときたら……」とマリエッタは声を落として、「彼らを理解するのには苦労しますわ」と告白した。6歳から英語で学校教育を受けて、アメリカに28年間住み続けたマリエッタにしてこれだ。アメリカ人の全員が、テレビのニュースキャスターのように、正しい英語を明快に喋るわけではない。アメリカの南部地方や一部の黒人の英語は、外国人には分かりにくいが、アメリカは差別に敏感な国なので、こういうことを特に公人が言うのは、politically incorrect（差別的）であるとされて、言うべきでないとされている。だからマリエッタも声を落として言ったのだ。しかし第一部のベトナムからの女性のように、アメリカ人よりきちんとした英語を話す移民もいる。するとマリエッタは楽しそうに笑って、「私たちの英語の綴りは、アメリカ人よりはずっと、ずっと正確ですわ」と言った。それは本当に誇っていいことだと。

マリエッタはアメリカに来て以来、毎年祖国を3週間訪れている。父に会うためだ。その父は昨年亡くなった。父は裕福だったのでマリエッタは嬉しかった。父は米国海軍に入隊して以来何十年も、アメリカドルで収入を得ていたので、フィリピンの生活水準からするととても裕福だったのだ。マリエッタはずっと母や兄姉に送金し続けていたので、裕福な父にホッとしたし、誇らしくも思った。彼女は今年も父の法要のために祖国を訪れる。

マリエッタがアメリカに来て最高に嬉しかったことは、彼女が32歳の時に、父がカリフォルニアに会いに来てくれて、しばらく一緒に暮らし、名実共に彼女を実子と認めたことだった。父の正妻は、マリエッタが16歳のときに彼女の存在を発見し、それ以来夫にマリエッタに会うことを禁じたのだった。しかしこの正妻は実子がなかったのと、マリエッタ曰く「年を取ると共に丸くなって」、ついに現実を認め、「マリエッタはやっぱりあなたの子だわ」と言った。そこで父は16年ぶりにマリエッタに会ったのだった。それがマリエッタの新しい家族関係の始まりで、彼女はこの義理の母とも親しくなった。

このファミリー・ドラマは、マリエッタのアメリカへの移住のドラマとは直接関係ないかもしれない。しかし私の印象では、この父娘は共にアメリカでの成功者であると言う点で、非常にお互いを誇りに思っており、そのためにいっそう緊密な関係になったようだった。マリエッタはこのインタビューの中で、「私の父は米国海軍の軍人です」と3回以上言ったものだ。そして父親からすれば、娘はアメリカ第二の大都市の、一二を争う大病院の主任看護婦なのだ。もしマリエッタがフィリピンの田舎のおばさんだったら（それが悪いわけでは勿論ないが）、（父が16年もたってわざわざ会いに来たか、そして一緒に住んだか疑問である。というのは、父は正妻が亡くなった後も、マリエッタの母とは結婚しなかったからである。

フィリピンを訪れるたびに、マリエッタは母国人の変貌に驚く。マリエッタの若い頃は、18歳までデートできなかった。ところが彼女が故郷に帰ってみると、ティーンエージャーが白昼に、街中で堂々とキスをしているのに驚く。今ではすっかりアメリカ風になってしまった。そして、マリエッタがいた頃は、売春はそれほどひどくなかったのに、今では14歳とか15歳の子供がやっている。お金のために。現金がほしい。そして厳しい生活。そして貧富の差は開くばかりである。

マリエッタは祖国のいやな点について、あきらめたように笑って、深いため息とともにこう言った。「貧困と汚職ですわ。全く！　それさえなかったら……」フィリピン人の65

パーセントがカトリック教徒で、カトリック教は産児制限を許さないので、大家族となりがちであり、これが貧困につながることが多い。しかしマリエッタは新教徒であり、カトリック教が貧困の原因と言ったわけではない。また汚職の原因についても、彼女はこう言うにとどまった。「ここアメリカに住んでいる私たちの意見は、誰がフィリピンの大統領の座にすわっていても、同じだろうということです。だから私たちは全く無力で……ですから今のところ、私たちはアメリカにいられて幸運だと思っているんですよ。」

彼女がフィリピン人の好きなところは、正直なことと、誰に対しても暖かくもてなす国民性だが、それにもまして好きなのは、強い家族の絆である。彼女は今もその伝統を受け継いでおり、現在二度目の夫と、26歳と21歳になる二人の娘、長女の夫、そして生まれたばかりの初孫とともに暮らしている。長女は目下のところ育児に専念しているが、次女はファッションを勉強し、今はビジネスに興味を持っている。マリエッタの母も同居していたが、腰の手術をして以来、階段のあるマリエッタの家から姉の家に移り住んだ。この母と姉も、１９８０年代の半ばにアメリカに移住して来たのだ。フィリピン人の３世代にわたる同居は、フィリピンでもアメリカでもごく普通に見られ、まして年老いた親が、成人した子供と同居するのは当然とされている。母が同居していた頃は、マリエッタは好きなジム通いもやめて、母の世話をした。母となるべく一緒にいて、出来る限りの世話をしてあげたいと思ったからだった。

　しかし将来娘たちが、自分が母にしたような世話を自分にしてくれるとは思えない。「あの娘たちはアメリカで生まれていますからねぇ」とマリエッタは首をかしげて言った。娘たちには頼れない。それがマリエッタが将来は、祖国に引退しようかと考える理由である。もしマリエッタが将来もアメリカに住み続け、娘たちにも頼れないとすれば、看護人を雇わなければならないが、彼女にはアメリカの高い看護人の費用は払えない。しかしフィリピンでは、同じ費用で10人もの看護人が雇えるのだ。

　では祖国に永住するのかというと、祖国では医療の質はアメリカほど高くはない。マリエッタが現在もアメリカに住んでいる理由は、自由と、医療が行き届いているからである。アメリカの正看護婦の資格を持っているので、彼女は決して失業しないで、常に自分と家族を養っていける自信がある。そしてアメリカでは、より良く、より早い医療措置が得られるばかりでなく、火事のようなそのほかの緊急事態にも、より迅速な助けを得られる。さらにアメリカの方が、定年後の生活も、年金や健康保険が得られて安定している。

　それでは結局アメリカに永住するのかというと、やはり娘たちが、自分や姉が母に尽くしたようには尽くしてくれないだろうということが、今ひとつ引っかかる。従ってこの話題を追っていくうちに、マリエッタの顔は幾分混乱をあらわしはじめた。アメリカで年老いることには、あまりいい感じを持っていないが、フィリピンには、今では兄と姉が一人

ずつ残っているだけだ。彼らがいなくなった後も、フィリピンに住みたいと思うだろうかと訊くと、

「フィリピンに住んで、アメリカに健康診断に来るかも知れませんわ。」

「お孫さんには会えなくなりますね」

「どうなりますかね」とマリエッタは笑った。しかし孫の話が彼女の心を決めたらしく、急に決心がついたような顔をして、きっぱりとこう言った。

「多分、私はアメリカに永住しますわ。だってマニラの交通渋滞はひどいから、心臓麻痺を起こして病院に着いた時は、多分私は死んでいますもの。」


マリエッタはこれまでずっと、自分の収入から、母親や義理の兄姉たちに、お金を送り続けてきたし、またそのために三つ目の職を維持してきた。それは彼女がいまだに、年長者を敬い、病気や貧しい親戚の世話をするという、フィリピンの文化を受け継いでいるからだ。だからアメリカの生活が、自分をさほど変えたとは思わない。またマリエッタは、初期の目標を達成した強い女性ではあるが、彼女の東洋的性格もまぎれもなくそこにあった。彼女は「仕方がなかったんですよ」とよく言ったが、これは、時勢に逆らって無益に抵抗するよりは、時の流れに従うことを好む東洋人の性格の現われといえよう。だからマリエッタは、子供に親の権威を押し付けないところなど、アメリカ的価値観を採用してい

るように見えるが、実は時流に従うという、一番抵抗の少ない道を選んでいるのにすぎないかもしれない。ところが実は、この柔軟な性格こそが、長時間難しい患者を扱ったりしなければならない看護の職業に、最も重宝されている性格なのである。

実際マリエッタは、「私は看護婦になるために生まれてきたと思う」と言った。看護婦の職業が全般的に好きなばかりでなく、具体的な仕事の何一つとして、彼女がいやだと思うものはないからだ。看護婦は一般に、下の世話と嘔吐物の世話を最もいやがるというが、それすらもマリエッタは気にならないと言う。

マリエッタは定期的に、地域のボランティア活動に参加する。これはシーダーズ・サイナイ病院の看護婦が、昇進のために義務付けられているからだ。地域の診療所や教会に出かけて、マリエッタはその地域の人々の血圧を測ったり、血糖値やコレステロールの検査をする。義務付けられている最低限の時間数は年間8時間で、意外と少ない。ところが多忙な看護婦の立場から見ると、そうでもない。マリエッタは週に一日休みがあるが、それをボランティア活動に取られると、2週間ぶっ続けで働くことになるからだ。時には体が休養を要求してくる。「私も若くなっているわけではないのでね。長時間働いた後は、体が痛むような時もありますよ」とマリエッタは笑った。

マリエッタは自宅ではタガログ語を話す。これは娘たちにタガログ語を練習させたいためと同時に、フィリピン人の夫もタガログ語を話すからである。そして食事はフィリピン料理を作る。ロスアンゼルスは、郷土料理の材料に事欠かないという点で、アメリカで住むには最高の都市だ。ストレス解消法としては、ジムに行っていたが、母が同居しはじめてから、その世話をするために行かなくなってしまった。母はもう同居していないが、こんどは初孫が、マリエッタのわずかな余暇の時間を占めるようになった。したがって、当分は彼女がジムに行くこともなさそうである。

マリエッタは、アメリカと看護婦の職業をこよなく愛し、家族や初孫に囲まれて暮らしている。もし生まれ変わっても同じ人生を送ったかどうかについては、マリエッタは「私はこの人生に、何も悔いるところはないんですよ。」と答えた。彼女が人生で大切だと思うすべての物——需要の高い職業、高い収入[12]、健康、質の高い医療、そして家族の愛——に囲まれて、彼女は人生に満足しきっているように見えた。

２００９年になって不況が訪れても、医療関係者の雇用率は20％もアップしたという統計があった。しかし実情は、看護婦のレイオフも起こっている。ところがマリエッタのような、集中治療室の看護も何度も経験したようなベテランの看護婦は、ひっぱりだこなのだと、彼女の同僚の一人が打ち明けてくれた。

(10)「フィリピンから。ひとつの民族がいかに看護業を支配するようになったか」ニューヨーク・タイムズ紙。2003年11月24日。
(11)同上。
(12)残業と昇進で、看護婦は年間900万円近く稼ぐことが出来る。(2003年11月の円ドルレートで換算)同上。マリエッタは副業を持っているから、それよりずっと多く稼いでいる。

第2章　ハイディ――美容師（韓国）

（ハイディは17歳でアメリカに来て、現在36歳。未婚。）

ロスアンゼルスの最高級ホテルの一つ、リージェント・ビバリー・ウィルシャーホテルに、外国からの賓客にどの美容院を紹介しますかと聞くと、同じビバリーヒルズにあるジョゼ・エバー・ヘア・サロンを紹介する。ハイディは、この超一流ヘア・サロンで働く美容師なのだ。チップの額が大きく、007映画のスター、ピアース・ブロスナンも来るこんなサロンで働くことは、美容師の夢である。あの若さで、しかも移民の不完全な英語で、どうやって今の職を得たのだろう。後になって、彼女は見かけほど若くはなく、また無邪気な外見は、彼女の多彩な経験を反映していないことが分かったが。

ハイディは、つるりと茹で卵をむいたような東洋的な童顔とは裏腹に、西洋人のような背の高い、がっしりとした体格をしている。お客が次から次へと、引きもきらない。だがハイディは全く疲れた様子もなく、「フェルナンド！」と助手の男性を使いながら、お客をさばき、頬にキスをして別れ、トイレに行くまもなく次の客に移る。職業柄いつも黒いエプロンをしているが、髪に今流行の、スパンコールを散らした付け毛を一本あしらったり、お客への見本だと言って、自分の髪を部分毎に、明るい栗色から焦げ茶色まで染め分けたり、いつも何かしら目新しさのある女性である。

私の家にインタビューに現れた時、ハイディは今様にドレスアップしていた。胸の深くくれた、ウエスト丈のニットのシャツに、大きな十字架のネックレス(彼女はクリスチャンなのだ)、ミント・グリーンのサテン地の超ミニスカートをはいて、髪はポニーテールにしていた。ディオールの香水の強い香りが、お化粧気の全くない童顔とあいまって、アンバランスな雰囲気をかもし出していた。

ハイディは、最初の2、3の質問に答えた後、質問を待たずに滔々と自分の人生を語り始めた。それを、ほぼ、そのままここに再現することにする。自分の人生を自力で切り開いてきた彼女の性格が、よく現れていると思うからである。

私は韓国第二の都市プサンに生まれ、首都ソウルで育ちました。私が8歳の時、両親が離婚し、13歳の時、同じ相手と再婚しました。離婚も同じ相手との再婚も、韓国では全く珍しいことです。2度目の離婚の後、父は働かず、良い親でなかったので、私が追い出しちゃったんです。でも今では、父も母も良い人だったけれど組み合わせが悪かっただけ、と思っています。特に父はクラシック音楽を聞くのが好きで、家ではクラシックしか聞くことがありませんでした。そのため私は歌手になる夢を持ち、声楽とピアノを習いました。ピアノは母の妹がハワイに移住した時、私に残していってくれたんです。私が12歳の時でした。

私は子供の頃から、アメリカに行きたいと思っていました。そしてハワイにいた叔母に何度も手紙を書いて、私たち母子をハワイに呼びよせてくれるよう頼みました。でも実を言うと、私はハワイではなく、アメリカ本土に行きたかったんです。ニューヨークのジュリアード音楽院に行くのが夢でした。母は働いて私と弟を育てましたが、当時韓国で、離婚女性が働いて暮すことは容易ではありませんでした。私の声楽とピアノのレッスンも、月謝が続かなくなって、やめざるを得ませんでした。

ところが１９８６年の5月、ついに私の願いが叶ったのか、それとも母が韓国で働くことに疲れたのか、母子で叔母を頼ってハワイに行くことになったんです。叔母は韓国系アメリカ人と結婚していたので、母のスポンサーとなってグリーンカード（永住許可証）を取ってくれたんです。私は17歳と9ヵ月で、18歳になっていなかったのが幸運でした。なぜなら、母の扶養家族として、自動的にグリーンカードが発行されることになったからです。

母は、ソウルで2千ドル余りの有り金をはたいて、ルイ・ヴィトンのイミテーションのバッグをなんと２００個も買いました。これをハワイで売れば、大したお金になると叔母が薦めたからです。その大小さまざまのバッグを、6個の移民用のプラスチックバッグに詰めて、母と私と弟は飛行機に乗りました。自分たちの荷物といったら、スーツケース2個に入れた着替えの衣類だけでした。ハワイ行き韓国航空のスチュワーデスは、全員日本人でした。機内で母は、ウィスキーを3本買いました。叔母とその知人へのお土産のつもりだったのです。これで母は、全く一文無しになってしまいました。しかしハワイのホノルル空港には叔母が待っているので、もうお金は要らないと思ったのです。

ホノルルの税関で、私たち一家はグリーンカードを貰うための面接を受けました。税関の審査官も殆どが日本人の顔をしていましたが、実は二世や三世の日系アメリカ人だから、喋る言葉は英語でした。通りがかった韓国航空の日本人スチュワーデスが、「この人たち、通訳が要るんじゃありませんか?」と審査官に聞きましたが、彼は「いや、大丈夫だ」と答えました。私は、韓国で英語で会話をしたことなど全く無かったので、どうなることかと思いました。審査官は「両親は離婚したんだね」と訊いたらしいのですが、その時の私には、ただ「離婚」という単語が聞きとれただけでした。だから「イエース」と答え、そんなことで一家は審査にパスしてしまったんです。

無事グリーンカードをもらって、荷物を取って私たちが通関しようとした時、別の税関員が、私と母が下げているルイ・ヴィトンのショルダー・バッグに目を止めました。韓国人がイミテーションのルイ・ヴィトンのバッグを大量にアメリカに密輸入することを、彼は知っていたのです。私たちは呼び止められました。税関員は私に、いくつルイ・ヴィトンのバッグを持っているか尋ねました。勿論私には、彼が何を言っているのか分かりません。ただ「ハウ・メニー（いくつ）」と何度も聞くから、バッグのことだなと思いました。私は母がバッグを幾つ買ったのかも知らなかったから、でたらめに「60」と言いました。税関員が一家の一番大きなナイロンバッグを開けて、さかさまにし、バッグを数え始めました。なんと、私と母のショルダーバッグを加えると、その数が丁度60個だったのです。

税関員は残りのナイロンバッグを開けませんでした。それでも60個は多すぎます。私たちの目的は明らかです。でも私たちは逮捕もされなかったし、罰金も払わないで済みました。私たちはラッキーでした。初めてだからと許してくれたんです。それに、同じ東洋人という同情があったのかもしれません。

さて、空港の出迎え人の居る待合所に出てみると、叔母の姿はどこにも見えません。私たちは2度も飛行機を乗り換えている上に、税関で時間がかかりすぎて、叔母は家に帰ってしまったのかもしれません。とにかく電話をかけなければならないけれど、母は一銭も持っていないし、英語も話せません。私が何とかしなければなりません。私は、傍にいた白人女性を掴まえて、「マネー、テレフォン」と言って手を出しました。「プリーズ」とさえ言いませんでした。白人は20セントくれました。私は電話を掛けたが掛かりません。何か交換手が英語で言っているんですけれど、勿論私には分りません。実はお金が足りなかったのですが、電話がポーポーピーと鳴っているので、故障だと思いました。で、また同じ白人のところへ行って、彼女を電話のところに引っ張って来て、「テレフォン、ブロークン（故障）」と言いました。すると彼女は、あと5セントを電話器に入れて、それで掛かりました。当時アメリカ本土での電話代は20セントで、白人は勿論アメリカ本土から観光でハワイに来ていたから、20セントだと思ったのでしょうが、ハワイでは25セントだったのです。

叔母はすぐ迎えに来ました。寝室が一つきりの叔母のアパートに、私たち一家は落ち着きました。昼食のあと叔母が直ぐにやったことは、私と弟を高校に入れる手続きと、私の仕事を見つけることでした。私は韓国では高校3年になったばかりだったから、高校に入らなければなりませんでした。編入試験の成績は、数学以外は悪かったようです。韓国の英語教育は文法中心で、韓国の中学や高校で習う英語では、アメリカの高校の教科書は、まず分量からして消化出来ません。アメリカの学校は9月が新学期だから、私は高校2年の3学期に編入されました。英語の補習授業を受けることが条件でした。私は英語の読み書きは韓国で習っているので、補習授業の教科書を見て、「なーんだ、こんなこと、みんなとっくに習った」と思いました。私が喋れなかったから、まるで英語を知らないと思われたのです。

それから叔母は、私のために、自分の住んでいるアパートメント・タワーの隣のタワーに住んでいる韓国人の友人のところで、ベビーシッターをする仕事を見つけてきました。私は高校から帰ったら、駐車場を渡るだけで仕事に行けました。そして3時から11時まで、3歳の子供に食事を与えたり、相手をしながらテレビを見たり、子供が寝付いたらシャワーを浴びたりして過ごしました。

私は、高校にいた間は短かったけれども、先生たちは全員が私のことを知っていました。なぜなら私は、皆の注目の的になって、目立つのが好きだったからです。それで、歌手になりたかったのかもしれません。劇をやった時も、「主役をやりたい」と先生に伝えました。私は何が欲しいか、ちゃんと皆に分からせるんです。友達にも、誕生日のお祝いも何が欲しいか、きちんと伝えます（笑い）。小さい頃からそうでした。（ハイディは自分の、かなり強烈な自己主張の性格を語っているのだが、子供のような無邪気な顔で、しかも悪びれることなく堂々と言われると、それが当たり前のことのように思えるから不思議である。）

夏休みになると叔母が、ベビーシッターの仕事は賃金が安いから、ガソリンスタンドで働くようにと言いました。母の実家は中流以上だったのですが、祖父が亡くなったために、母の妹である叔母は自立を強いられ、その経験から叔母は、私に自立の必要性を教えこんだのです。私たち母子からお金を取るためではなかったのです。

ガソリンスタンドに行ったところ、「拳銃の使い方を覚えなければいけない」と言われて驚きました。レジを預かる者として必要なのだと言うのです。「ハワイでは滅多なことはないけれど、それでも念のために必要」だと言われました。私は帰宅して叔母に、「あんなところでは働かない」と言いました。「では自分で仕事を見つけるように」と、叔母は私を教会に行かせました。そこで、ハワイ大学の学生で、ハワイアン・ヒルトン・ホテルでアルバイトをしている人に会い、そこの売店に私も職を得ました。ハワイでは誰もが1ヵ月の夏休みを取ります。売店の従業員もそうです。だから私は、休みを取った従業員の代わりの臨時雇いだったのです。それでも日本語が喋れなければいけません。なにしろハワイの観光客の大半は、日本人なのですから。

売店の主人は、私に日本語を少し教えました。でも実のところ、私がお金が数えられて、クレジット・カードが取り扱えたら、あとはどうでもよかったのです。日本人客がくると、私は「イラッシャイマセ」「オミヤゲ、ドウゾ」などと結構日本語を覚えて、よく売りました。私はトパーズという宝石を売る店にいたのですが、全商品がセールになっていました。トパーズというのは、こんな汚い宝石にお金を払う人の気が知れないと思うような代物ですが、そんな様子はおくびにも出さず、実によく売りました。とにかく店に入った客は、絶対手ぶらでは帰さなかったんです（笑い）。「ホンモノデス、18％ビキ」なんて言ってね。

アイスクリームの店でも人手を欲しがっていました。私はアイスクリームが大好き！そこで、昼はアイスクリームの店、夜はホテルの売店で働きました。私は両方の店で気に入られ、夏休みが終わっても、しばらく働き続けました。

高校卒業直前に、先生が大学に行きたいかどうか聞きました。皆ハワイ大学に行って、ワイキキのお土産屋などで働いていました。専門分野を使うこともなく。なんとお金の無駄だろうと思いました。だから先生に、「私はお金を稼がなければいけないから、職業学校に行きます」と答えました。それにハワイ大学の学費は高く、家にはそんなお金がなかったからです。先生がファッションの学校はどうかと聞きましたが、私は絵が描けないからだめだと答えました。ではコスメトロジーはどうかと訊かれました。「それ、何ですか？」と訊くと、メーキャップやヘアの学校だというので、「それにします」と答えました。

私はコミュニティ・カレッジ（公共の短期大学）でコスメトロジー（美容学）を専攻しました。美容専門学校に行くと、千ドルかかりましたが、ここだと200ドルですんだからです。美容専門学校に行けば1年で卒業出来ましたが、コミュニティ・カレッジは長い夏休みや冬休みがあるので1年半掛かりました。私は一方で、音楽の授業も取り続けました。私が才能があると、教師がハワイ大学で音楽理論を勉強するよう薦めましたが、私は「生活のために働かなければいけないから」と断りました。それに私は自分のことがよく分っていました。自分程度の才能では、プロになっても大した者にはなれないと。この頃には、私たち親子は貯めたお金でアパートを借りて、叔母の家を出ていました。

叔母は私に、「ホテルがいいお金になる」と、ホテルで働くことを薦めました。私は朝7時半から午後3時半まで学校に行くので、長い時間は働けません。ハレクナニというハワイの一流ホテルの客室係になると、ベッドのターンダウン・サービス（注：客がすぐ就寝できるように、ベッドの毛布やシーツをめくっておくサービス）を5時から9時までするだけで、時給10ドルの上に健康保険が付くというのです。私は面接を受けにホテルに行きました。「どうして宴会場やレストランでフルタイムで働こうとしないのか」と聞かれたので、私は、「学校に行かなければならないので、一日4時間の労働は自分にとって最高です」と答えました。でもホテル側は、私はベッドのターンダウン・サービスをするには若すぎると考えました。ところが、叔母がホテルのマネージャーを知っていたので、私は客室係として雇われ、時給も保険も付きました。でも実際の仕事は、マネージャーの子供のベビーシッターだったんです（笑い）。

マネージャーは私に楽な仕事をくれたつもりでしたが、私は、ベッドのターンダウン・サービスをしてチップを貰ったほうがよかったんです。なにしろハレクナニ・ホテルは、当時でも、宿泊料金が最低でも一泊300ドルから400ドル、最高のスイートルームは3千ドルもする高級ホテルなので、チップの額も良かったのです。ある日、たまたまターンダウン・サービスをするように言われて、3千ドルのスイートルームに行ったところ、何と100ドルものチップを貰ったんですよ。嬉しかったわ！（笑い）

私は、美容学を勉強している時は、それほど面白いとも思いませんでしたが、先生たちは、私には才能があると言いました。理論も、何度も繰り返し教えるので、難しいと思いませんでした。そして、なんと私に奨学金がおりたんです。

こうして昼は奨学金が入り、夜はベビーシッターのお金が入り、健康保険もあり、時にはチップも、いつも100ドルではないけれど入り、これを全部母にあげたから、母はもう有頂天でしたよ（笑い）。

その上、学生の身分でありながら、実技訓練の目的でお客をとることが許されました。もっとも、コミュニティ・カレッジは公立学校なので、学生がヘア・カットをする時は、1ドルの料金しか取れませんでしたが。パーマは5ドルでした。でもチップが入りました。チップのほうが大きかったのです。そうしたお小遣いもあったから、私は全くお金の必要がありませんでした。

こうして私は、30人の生徒のうち、一番で卒業しました。

卒業して私が直行した行先は、ホノルル一のヘア・サロン、ボーテガ・アントワンヌでした。このイタリア人のオーナーに、美容師の助手として雇ってくれと申し出たのです。

私はいつも最高のところに行くんです。英語ができなくても、全く怖くありません。これは、美容学校を一番で出ているからではないんですよ。私は助手なのだから、美容師が私を気に入ってくれさえすればいいのです。そこで私はお洒落をして行き、明るく屈託のない調子で話しながら、働く意欲を見せました。幸い韓国人美容師が、私を気に入ってくれて、その場で雇われました。（欠員があるかどうかも、募集をしているかどうかも調べず、行きたいところに乗り込んでいくのが、ハイディのやり方であることが分かった。）

一流のサロンで働き出したから、私はお洒落をしなければなりません。それに、大人の女性としての社交も始まったから、この時から母に稼いだお金を渡すのをピタリと止めました。母は大いに不満でしたよ。（笑い）

サロンで一年ほど働いた頃、韓国の異母姉から手紙が来ました。この姉は、父の最初の妻との間に出来た子供で、私より9歳年上でしたが、韓国で舞台女優をしていたので、私の憧れの的でした。この姉の影響で、私はオペラ歌手かミュージカルの歌手になって、舞台に立ちたかったのです。姉は仕事がうまくいっておらず、アメリカに行きたいと手紙に書いてきました。母は、姉がハワイに来ることに反対でしたが、私はもうハワイに飽きていたので、姉と一緒にニューヨークかロスアンゼルスに行きたかったのです。ハワイの人は何をするのも悠長で、野暮で、イカさない。ハワイは空気がきれいで、風光明媚な土地などと言われますが、私はそんなことを有難がるには若すぎたんです。

ニューヨークは寒いので、ロスアンゼルスに行くことにしました。母は反対しましたが、私の決心は変わりませんでした。出発は月曜日でしたが、母に顔を合わせずに済むように、水曜日に出ると言っておきました。ところが月曜日に荷物を持って、いざ家を出ようとしたとたんに、ちょうど外から帰って来た母と玄関でばったり鉢合わせてしまいました。

母　アラ、水曜日に行くんじゃなかったの？

私　実は月曜だったの。

母　あんた、お金持ってないでしょう。

私　200ドルあるわ。

というわけで、飛行機の片道切符を買った残金200ドルを手に、私はロスアンゼルスに飛んだのです。1991年、私が22歳の時でした。

ロスアンゼルスに着いた私は、韓国人の友人のアパートに泊めてもらいながら、ある衣料店で1ヵ月間働いて、韓国に姉を迎えに行くための飛行機賃を貯めました。姉は一人でハワイに来られなかったのかですって？　そのわけは後で言います。一方私は、ハワイに遊びに行く韓国人の友人に、母のところに立ち寄って、私の税金の還付金、約2千ドルの小切手を貰って来るよう頼みました。母に送ってくれと言ったら、いつ送ってくれるか分かりません。母は、私が飢えたら帰って来るだろうと思っているから、どうせ助ける気なんてないんです。

私は、ロスアンゼルスに初めて到着してからたった一ヵ月後に、韓国へ飛びました。一方姉は、韓国で書類手続きをして、アメリカ観光ビザを取っていました。そして親戚のいるサンフランシスコに、観光客らしくスーツケース一つでやって来ました。前後して私は、韓国から姉の引っ越し荷物全部を持って、ロスアンゼルスに戻りました。姉が観光ビザで大量の荷物を持ち込むと、不法滞在するのではないかと怪しまれるから、グリーンカードのある私が運んであげた、というわけなんです。そして姉は、ロスアンゼルスの私と合流しました。姉はのちに、アメリカ人と結婚しました。

ロスアンゼルスに落ち着いた姉と私は、職を捜さなければなりません。私は、ビバリーヒルズのJというヘア・サロンに面接を受けに行きました。これはそこのオーナーが、ハワイで私が働いていたボーテガ・アントワンヌのサロンを訪れたことがあって、ボーテガが推薦したからです。Jで私は、美容師の免許を持っているかと聞かれました。ハワイの免許がありますが、それではだめということを、私は知りませんでした。アメリカで免許の要る職業に就こうと思うなら、働こうとする州の免許が必要だということを、初めて知りました。

カリフォルニア州の美容師の免許は、500ドル払って3ヵ月間美容学校に行けば取れると言われました。オー・マイ・ゴッド！（何ですって！）私はそんなお金は持っていません。けれど、そんなことはおくびにも出さずに、ニッコリ笑って、「どうも有り難う」と言っておきました。しかしJのオーナーは、私の目の前でハワイのボーテガに電話をかけ、電話をスピーカー・フォンにして私に聞こえるようにしました。

Ｊ　ハイディがここに来ているんだが、彼女を雇うべきかね？

ボーテガ　ハイディは腕がいいよ。雇いなさい。だが気を付けないといけないよ。彼女はとてもきかん気が強いからね。それからあんまり彼女に権力を与えてはだめだよ。図に乗るからね。

私のことあんなふうに言って！　と私は憤慨しましたが、Jは電話を切ってから私に、また支払いはキャッシュでする」と言いました。だが、誰にも免許を持ってないことを言わないように。「3日間ここに来て働いていいよ。でも私が帰宅すると、私をフルタイムで雇うという彼からのメッセージが入っていました。

こうして私はビバリーヒルズで働くことになりましたが、カリフォルニア州の美容師免許を至急取らなくてはなりません。でも私は、500ドルはおろか、1セントも払うつもりはありませんでした。

ところで私がまだハワイにいた前年に、韓国で行われたヘア・ショーにボーテガに連れられて行ったことがありました。その時、大勢の韓国人美容師たちと知り合うことが出来ました。その一人がアメリカに来て、有名なヴィダル・サスーンで働くために、カリフォルニア州の美容師の免許を取りました。その彼が、免許試験に使った本を無料でくれたのです。私はその本を一週間独習して、試験にパスしました。私は美容学校を出て日が浅かったので、実技の基本も理論も覚えていて楽だったのです。長く美容師をやっている人ほど、自分の流儀が出てしまって、実技の基本も理論も忘れてしまうものなんです。

やがて私は、ルームメートとの軋轢がもとで、姉と一緒に別のアパートに移ったのですが、ロスアンゼルスでの生活に気が滅入ってきました。ハワイでは、母や叔母が、食事を作ったり、割の良い話を持ち込んだりしてくれていました。ところがロスアンゼルスでは、姉は頼れるどころか、むしろ私が庇護してあげていたのです。6ヵ月たった頃、例のヴィダル・サスーンで働いていた韓国人の美容師が、「韓国に帰るが、一緒に来るなら飛行機賃を払ってあげる」と言ったので、一緒に彼の家に行きました。彼の奥さんも美容師ですが、私を見るまで、夫が私を連れて帰るとは知らなかったのです。奥さんは私を見て、喜んだというか、ほっとしたそうです。というのは、私は当時ハリウッドの女優の間で流行っていた丸坊主の頭にしていて、まるで女らしく見えなかったからです。その家で2ヵ月間休養した後に、私はロスアンゼルスに帰りました。

Jの店に給料を取りに行くと、店の美容師の一人が、「ジョゼ・エバーの店に行ってごらんよ。2週間前に開店したばかりだが、素晴らしいよ」と言いました。私は見物がてら、行って見ることにしました。しかしジョゼ・エバーの豪華な店を見てから気が変わり、ここで働こうと思いました。応対した人に、「ヘア・スタイリストの助手になりたい」と言ったら、別の男が来て、今ヘア・スタイリストの助手の空きはないが、自分の助手にならないかと聞きました。彼は毛染めの専門家で、グレッグと言いました。（注：日本では、一人の美容師が何もかもやるが、アメリカでは、毛染めの専門家と、カットとセットを担当するスタイリストとに分かれている。）私はそれまで、毛染めの専門家になることは考えたことがありませんでした。ハワイでも私はスタイリストの助手でした。でもここで働きたかったので、「オーケー」と言いました。

その時傍にいたのが、魔法使いのかぶるような奇妙な帽子をかぶって、その下から麦わらのような長髪をたらした年取った男でした。彼が「免許は持っているか」と聞いたので、私は「勿論持ってるわよ！」と怒ったように答えました。私はいつもそんな調子なのです。そして、この店は何故こんな年取った男を雇っているのだろうと、ひそかに思いました。私はその場で採用されました。勿論ハワイからJまでの経歴を話しましたが、私の「ファンキーな服装⑬」が気に入られたのだと思います。そんな服装を、私はハワイ時代⑭に音楽ビデオなどを見ながら習得しました。その日私は、髪をおかっぱにし、ブスティエーを着て、ネックレスを沢山重ねていました。当時「ニュー・ウェイヴ」と言われた服装です。私のファッションのセンスが、ビバリーヒルズのトップのサロンに合ったのだと思います。私は当時いつも、ハリウッドのドレスショップで、ショーウィンドウの目立つところに飾ってある服を買うようにしていました。それが流行の最先端を行くファッションだと思ったからです。

帰宅してテレビをつけたら、例の奇妙な帽子をかぶった男が、ジョゼ・エバーの店の宣伝をやっているではありませんか。なんと彼がオーナーだったのです。オー・マイ・ゴッド！（あら、大変だわ！）翌日出勤して、彼に愛想良く朝の挨拶をしましたが、彼は返事をしてくれません。「あの人返事もしない」とまわりの人に文句を言ったら、「彼が返事をしなくても、挨拶をしなければいけない」と言われました。でも私は、彼がそっぽを向くなら自分もと、そっぽを向いていました。

数日たって、彼が私の持ち場に来て、「あんたは」と私に指を突きつけ、「態度が悪い。私が給料を払っているんだから、私の言うことをきかなければだめだ」と言いました。私は、何と傲慢な、と思いながら、「そうですか」と言っておきました。でも実は、彼は私の度胸が気に入っていて、私をからかっていたんですよ。私がどこまで持ちこたえるか、試していたんです。1992年の3月のことです。

こうして3年半、私はグレッグの助手をしました。週5日彼の助手をし、彼が休みの月曜には、彼の客を一人でさばきました。その間にも、あちこちのサロンから、引き抜きの電話が入るようになりました。とくに、ロデオ・ドライブにあるフレデリック・フェッカイは、そのニューヨークの本店がセレブや裕福な外国人を顧客とする超高級サロンで、全国的にはジョゼ・エバーより有名です。でも私は、そこで一本立ちになるよりも、ジョゼ・エバーの店で一本立ちになりたかったのです。

ある日、私はグレッグに、「助手から一本立ちにさせて下さい」と頼みました。でも彼は、「自分が勝手に許可するわけにはいかない」と言います。そこで私は、オーナーのジョゼ・エバーに直談判に及びました。するとジョゼは、「グレッグに聞かないとだめだ」と言います。たらい回しです。グレッグは私が便利なので手離したくないし、一方ジョゼにしてみれば、グレッグは20年も働いている古顔なので、彼の機嫌を損ねたくなかったのです。そこで私は「ではやめます」と言いました。本気でした。すると彼らは、その場で私の一本立ちを許しました。

はじめは誰もお客をくれませんでしたが、スタイリストたちの手伝いを率先してするうちに、次第にお客をくれるようになりました。現在私は給料制ではなく、完全な歩合制で働いています。お客が少なかったら、給料を取っていた時より収入が減るのです。スタイリストの中には、私の助手のフェルナンドより収入が少ない人もいます。でもジョゼ・エバーの店で働くこと12年の私の収入は、現在トップの5指に入っています。

私は2000年にアメリカ国民となり、2001年には友人と共同で、デュプレックス（注・2軒続きの家）を買いました。だから、アメリカのどういうところが好きかというと、やはり自分の夢を叶えてくれたところです。私はまだ韓国にいた16歳の頃、当時流行った「ビバリーヒルズ・コップ」というアメリカ映画を見て、友人に、「私は将来、あの映画にあったビバリーヒルズで働くからね。見ていてご覧」と宣言したものです。まだ母がグリーンカードの申請をするずっと前のことです。しかも叔母はハワイにいたのですから、何故ロスアンゼルスに行くことを夢見たのか、自分でも分かりません。でも、今の私を見てください。本当にゼロからの出発ですよ。韓国にいたら、今の私があったかどうか分かりません。

でもアメリカで暮らすことの難点は、時々淋しくなることです。ロスアンゼルスは非常に広いけれど、私はコリア・タウン（韓国街）とビバリーヒルズしか知りません。だから韓国人はみんな寄り集まって暮らしているのだと思います。私のような、一世半の人間でもそうなのだから、完全に大人になって来た人はもっと淋しいと思います。（注・「一世半」というのは、ハイディはアメリカの高校に短期間でも行っているから、全くアメリカの学校に行ったことのないハイディの母親のような一世の人たちと、アメリカで生まれた二世との中間、という意味。）

韓国は祖国だから好きです。私は自分が韓国人であることを否定出来ません。それでも韓国人が、人を独断的に評価する癖が大嫌いです。韓国人は階級意識が非常に強いんです。根掘り葉掘り相手の素性を聞いて、社会的に経済的に相手が自分より上か下か、家柄はどうのと、人を容赦なく値踏みする癖のことです。韓国に居た頃から、私はこれが大嫌いでした。学校でも先生が訊くことは、「お父さんお母さんは何をしていますか？」とか「オウチにピアノのある人は手を上げて」などでした。それが私と何の関係があるんですか？

アメリカに住んでいる韓国人にも似たような性癖があります。やはり「お父さんは、お母さんは何してるの？」と訊きます。「あなたは何してるの？」と訊いてきます。こうやって遠回しに私を値踏みしているんです。たとえば私の友達が、私のためにブラインド・デートを計画したとしますね。でもその友達は、私が当の男性に会う前に、彼に私のことを全部話してしまっているんです。だから彼は、もう私を評価してしまっていて、白紙では私を見られないいんです。私も、自分はそんなことをするまいと思いながら、同じことをしているのに気付くことがあります。そういう育ち方をしているから、つい出てしまうのです。他の韓国人も、そういうつもりではないのかも知れないけれど、やはり同じことをやっています。

だから私は、ブラインド・デイトに行く前に、「私のおよその年齢だけ相手に伝えて、他のことは言わないで」とデイトを取り持った人に頼むんです。私はすごく若く見えるから、あまりにも若い人を紹介されて、話が全く通じないんじゃ困りますから(笑い)。でも第1回のデイトの終わるころには、相手は私のすべてを聞き出してしまっている。

祖国にいる韓国人も、私が居た頃と少しも変わっていません。若い韓国人は変わったと言う人もいますが、私に言わせれば、親は昔と同じだから、本質は変わりようもありません。金持階級は、やはり子供に親の望む結婚をさせようとしています。もっとも私自身は、韓国にとどまっていたとしても、そんな結婚はしなかったでしょう。私はそんなのはお断りです。私は断固として自分の好きな人を選びます！　でも、いわゆる良家の男性とは結婚したくありません。私は離婚家庭のハンデを負っているから、そんな人と結婚して負い目を感じて暮らしたくないからです。離婚家庭の出身であっても、現代はダイアナ妃のように、英国の皇太子妃にまでなれるのかもしれませんが、誰もがそこまで割り切っているわけではありませんからね。

私は子供の時から目立ちたい外向的な性格でしたが、ここ3年ほどの間に少し変わったような気がします。以前ほどは、カフェや友達の集まりに出たくなくなって、むしろ家で韓国語の本を読んだり、テレビでメロドラマを見ているほうが楽しいと感じるようになりました。親しい友達と、良いレストランでワインを飲みながら食事をするのは今でも好きですが、馬鹿騒ぎはもう要らなくなったのです。少し大人になったのだと思っています。パーティから帰って、何故あんな下らないことに時間をつぶしたのかと思うことさえあります。私のストレス解消法は、やはり韓国語の小説を読むことです。(サロンの彼女の持ち場のデスクにも、読みかけの韓国語の小説が置いてあった。「これ、恋愛小説なのよ」と彼女は照れたように告白した。)

アメリカに移住してから一番辛いというか、大変だったのは、ハワイからロスアンゼルスに移った最初の一ヵ月間でした。姉を迎えに行く往復の飛行機賃を稼がなくてはならなかったからです。でもそれ以外は、お金の苦労を感じたことはありません。他の人にとっては不足な金額でも、私には十分なのです。何故かというと、私は家の中に5ドルしかなかったら、それ以上は決して使わないからです。今の店を仮にやめなければならなくなっても、私は決して困らない自信があります。どんなことでもして食べていけるからです。家にじっとしていて、何もしないなんて考えられません。

私の一番の楽しみは、年2回行くことに決めている海外旅行です。これまでフランスのサントロペ、スペイン、ブラジルのカーニバルなどに行きました。ところで一週間後に、日本に行くんですよ！　ずっと行きたいと思っていた京都に行くので、とっても楽しみです。

私はアメリカと韓国の文化の中間にいると思います。二つの文化にまたがっている人は、時と場合に応じて、楽なほうを採用するものです。だから韓国で、私のアメリカ風を嫌う人に対しては、「私はアメリカに住んでいるから、これがアメリカのやり方よ」と開き直ることにしています。無理して韓国風に合わせたりしません。韓国文化を地で行くこともありますが、それはその方が楽だからです。

私がアメリカに住み続ける理由は、仕事です。それに、私にはホームがあります。

（こう言った時のハイディは、ファンキーな服装とはうらはらに、しっとりと落ち着いた声だった。ハイディのホームは、ハワイではなく、ロスアンゼルスなのだ。）

というわけで、ハイディはこれまでの人生を明快に語ったが、将来の展望となると、とたんに明快さが失われてきた。韓国に将来帰って住み着くかどうかは、今のところハイディにも分からない。彼女には十年越しのボーイフレンドがいて、切れたり続いたりしているのだが、最近彼が彼女と結婚したいと言い出した。彼の父が2ヵ月前に亡くなったので、韓国人は「悪いニュースは良いニュースで帳消しになる」と信じているからだ。だがハイディは、父母が離婚しているから、あわてて合わない相手と結婚したくない。父母は共に良い人だった、とハイディは重ねて強調した。若いときは良い父と思わなかったが、良い教育をしてくれたし、母からは、強さと独立心を学んだ。2人は組み合わせが悪かっただけなのだと思っている。現在のボーイフレンドが、ハイディにとって最高の組み合わせかどうか、彼女には分からない。

しかし、子供は自分のような顔をしたのが欲しい。だから韓国人か、でなければほかの東洋人と結婚したい。そして結婚相手次第では、韓国やアメリカ以外の国に住んでもいいと思っている。彼女の将来は全く白紙なのだ。

もし生まれ変わったら、ディヴァ（花形女性歌手）になりたかったと、ハイディはにんまり笑った。また、ロスアンゼルスよりニューヨークに行きたかったが、ニューヨークは寒いし、お金がないと大変なところなので、今から再スタートは出来ないと言う。

アメリカに移住したい人に対しては、ハイディはアメリカは機会のある国だと言いたい。そして自分が成功したのは、物事をあまり考えすぎないで機会を掴んだからだと思っている。「私のことを、考え方が単純だと言う同僚や友人もいますが、私は、本当はデリケートなんです。でも深刻に考えこむと、気が滅入るし混乱するので、なるべくシンプルに考えるようにしているんです。」

インタビューの後でハイディは、自分はスペシャルとは思わないが、インタビューされてうれしいと言った。やはり注目の的になるのが好きなのだ。

〔追記：ハイディはその後独立して、現在、ロデオ通りにあるロデオ・コネクション内の、サロン・バイ・マキシムという美容院で働いている。〕

(13) 当時の若者文化の先端を行く、ちょっと退廃的な、それでいてお洒落なファッション

(14) 肩紐のないブラジャーとコルセットを一つにした下着を、ファッション化したもの

第3章　グレイス――コンピューター・グラフィック・デザイナー（台湾）

（グレイスは21歳の時アメリカに移住して、現在47歳。結婚していて5歳の双子の娘がいる。）

「ハーイ！」とニコニコしながら車から降りてきたグレイスは、小柄で親しみやすい感じの女性だった。濃紺のセーターに真っ赤な口紅が鮮やかで、エステに通っていると言うだけあって、肌がつやつやしていた。彼女はインタビューを楽しみにしていたと言った。彼女自身、アメリカに移住してきた世界の女性たちに興味があって、それについて本を書きたいとさえ思っていたからだ。グレイスの毎日は忙しい。フリーのコンピューター・グラフィック・デザイナーであり、アジア・ビジネス協会の会長であり、5歳になる双子の娘の母親だからだ。にもかかわらず或る日曜日、娘たちをパサデナ市の自宅に残して、私の家まで来て、夕方になるまで何時間も喋ってくれた。

グレイスは台湾生まれの中国人で、1977年に、家族と共にサンフランシスコに移住した。当時彼女は、台湾の首都、台北の大学2年生で、絵が好きだったことから商業美術を学んでいた。アメリカに来ることを決めたのは両親だった。その頃台湾では、より良い教育と人生を求めて、費用と機会がある人は皆アメリカに移住した。中国では教育は一般に重視されているが、特にグレイスの家庭ではそうだった。というのは、グレイスの母は教師で、祖父は大学の学長だったからだ。グレイスの父がやっていたことも教育に関連していた。彼は農業に従事していたが、政府の依頼で、10人ほどの同業者のリーダーとして、南米のペルーに農業を指導するために半年くらい行ったことがある。それ以前には、エクアドルに同じような仕事で2年間行っていた。だから彼は、中国以外の国を見る機会があったのだった。

グレイスの叔母が、当時ワシントン行政区に住んでいたので、グレイス一家のスポンサーとなってグリーンカードを申請してくれた。もう一人の叔母は、カリフォルニア大学バークレー校を卒業している。だから以前から、「カリフォルニアに来なさい」と、グレイスの父にさかんに薦めていた。「カリフォルニアは暖かいから、中国みたいに雪は降らないわよ」と。

ところでアジアの国々では、昔も今も、男児のほうが女児よりは高い教育を受ける機会を与えられることはあっても、その逆ということはほとんどない。一体グレイスの叔母さんたちが、その兄であるグレイスの父を差し置いて、アメリカの大学に行けたのはどういうわけか、という疑問が沸いた。「私の祖父は2度結婚したんです。叔母たちは祖父の後妻の子供だから、大学の学長である祖父と一緒に暮らしたのは叔母たちなんですよ。だから教育上も経済上も、叔母たちのほうが父よりは、ずっと恵まれた環境にあったんです」とグレイスは説明した。

アメリカに移住する迄のグレイスの生活は、鬱々としていた。殆ど家に居なかった父に代わって、母を中心とした家庭生活で、口やかましい母が、子供たちを台湾流に厳しく躾けたせいだった。グレイスの一家は、台湾では上流に近いと世間で思われていたので、母は小言ばかり言ってはグレイスたちの行動を律していたのだ。グレイスのインタビューの半分は、母への苦情で占められていたといっても過言ではない。グレイスは今振り返ると、台湾の儒教文化を背景に生きてきた母の立場が或る程度分かるが、当時はそんな余裕も理解力もなかった。台湾人は、共有する中国文化の産物であると同時に、固有の家庭の産物でもあるとグレイスはつくづく思う。というのは、たまたま長男として生まれたグレイスの兄は、母からの圧力を最も多く受け、長女に生まれたグレイスは、その次に母の圧力を受けたからである。学校の成績も良くなければいけないし、何事においても世間の目によく映らなければいけなかった。母は世間の目をとても気にしていた。

ところがグレイスの性格は、母のように「負けず嫌い」ではなかった。多分父親に似たのだろう。母はいつもグレイスに向かって、「お前は駄目な子だ」と言った。「お前は頭が悪い」「気が利かない」と言うのである。多分母の頭の中には、娘にこうあってほしいというイメージがあったのに、グレイスがそれに満たなかったのだろう。だが当時のグレイスは、いつも母にけなされて惨めだった。「中国では昔から、こうやって子供を叱り飛ばして教育したんですが、子供だった私は、母にそんなに言われて、本当に自分は馬鹿なんだと思ってしまったんです」とグレイス。彼女は子供の時大病をして、危うく死にそうになった。母は彼女に腹を立てるたびに、そのことを持ち出して、「お前は死ぬところを私が救ってやった。お前のためにひどく金がかかった。お前は自分の世話すら出来ない」と繰り返し、繰り返し言うものだから、グレイスはしまいには母の一言半句をすっかり暗記してしまった。

だが、その反面グレイスは、母がどんな圧力を世間から受けていたか、分かるような気がする。台湾では、まわりが常に注目しているからである。自分のやりたいことをやっても、誰も何も言わないアメリカとは違う。ある日のこと、教会でよく会う兄の友人が、兄を訪ねて自宅に来たことがあった。グレイスが中学生の時である。兄は留守だったので、グレイスがしばらくその友人と話していた。それを近所の人が窓越しに見て、グレイスの母にご注進に及んだのだ。母は血相を変えて、「二度と男を家に連れて来るな‼」と、ものすごい剣幕でグレイスに怒鳴った。台湾の上流家庭の若い娘にあるまじき行為だったのである。
母の一番のお気に入りは、グレイスの弟だった。弟が「中国風の、抜け目のない、すばしこい」性格だったからである。グレイスがあまり流暢ではない英語で、苦労しながら説明したところによると、中国では、たとえば何かの取引をして、相手から金を取ろうとする時、そうずばりと言わないで、その取引を実は相手のためにしているという言い方をしなければいけない。そのためには、相手が望むことを相手が口に出す前に察知して、その取引で相手の望みが叶うような言い方をする。相手が商売敵ならば、その先回りをして邪魔をすることを、気が利くとか、頭がよいとするのだ。グレイスの兄は善人だし、グレイスは単刀直入にものを言う。二人とも相手の心を先回りして読むなどという、面倒なことはしないし、したくても出来ない。ところが弟はそれが自然に出来るのだ。つまり「中国風に」頭が回るのである。グレイスの母も同様だった。だから母は弟が大のお気に入りで、「あの子は頭がいい、気が利く」と褒めるのだった。

グレイスが育った頃の台湾でも、昔の中国と同様に、息子は娘より価値があるとされていた。だから母は、グレイスの将来には関心がなかった。「ああ、お前は昔から身体が弱いから、医者とでも結婚して世話をしてもらうといい」と、よく言っていた。そのくせグレイスの日常生活にはうるさかった。グレイスはいつも、自分がいやだと思うことをしていなければならなかった。葛藤だらけだった。台湾は自分には向いていないと思っていた。

グレイスの両親がアメリカに移住する決意をしたのは、グレイスがまだ高校生になったばかりの時だった。父親だけが、試験的にアメリカにやって来た。次に母親が、グレイスの妹だけを連れてアメリカに来た。母は自分の夫を信用していなかったので、一家を移住させる前に、まず自分の目で確かめたかったのだとグレイスは言う。それ以後母は、毎年台湾に帰っているものの、グレイスがアメリカに来るまで、実に5年を要している。兄は兵役義務で、弟は高校生で、いずれも台湾に残っていた。

グレイスはアメリカに来られると知った時、有頂天になった。ついに台湾の窮屈な文化を抜け出せる！　飛行機は12時間だか15時間だかかかったが、グレイスは興奮して一睡もしなかった。すでにサンフランシスコに住みついていた父と妹が、空港に迎えに来ていた。グレイスはニコニコして、みんなに「ハーイ！」と大きく手を振った。


グレイスはこのインタビューの始めに、彼女の家では教育が重視されていたと言ったが、それはどうも男児だけに適応されていたようだった。というのは、弟はアメリカの大学に行き、兄もアメリカの大学院で修士号を取ったのに、グレイスには誰も、アメリカに着いてから大学に行くように言わなかったからだ。父はあるビルの中に、小さなコーヒーショップを出していたが、グレイスがアメリカで大学に行くなどとは考えていなかったようだ。

彼女が簿記をちょっと習って、父の店を手伝っていればそれでよかったようだ。だから「俺に金を使わせるな」と言っていた。彼女が学校に行けば、お金がかかると思ったのだろう。あるいは彼女が金持ちの男性と結婚することを望んでいたのだろう。「お前はもう22歳だ。もう2年間大学に行っている。これ以上行く必要はない」と言った。

どうも教育熱心な家系とは様子が違ってきたが、そのうちに明らかになってきたのは、教育に熱心なのは、教師であって望みの高い母で、その望みはもっぱら息子たちに向けられていたこと、一方父はむしろ土臭い人で、（事実、農業で土に親しんでいたわけだが）、そして娘については、全く台湾の伝統的な考えしか持っていなかったということである。さらにグレイスは、父親の性格を次のように分析する。「父は長男です。台湾では、長男は回りが甘やかして、なんでも思いのままにさせます。だから父は甘やかされて、人の世話をしなくなったのです。人の世話まで自分がする必要はないと。だから父は、私の世話は私がやればよいと思ったようです。」

誰も助けも励ましもしてくれなかったが、グレイスは何とか向上したかったので、まず英語を勉強しようと思った。誰に聞いても「大学に行くには英語を勉強しなければいけない」と言ったからだ。教会で無料の英語教室が開かれていることを中国語の新聞で知ったグレイスは、まずバスの乗り方を覚え、教会の英語教室に数ヵ月間通った。「こうして私はアメリカで、社交生活を知ったのです。中国人や日本人の男の人に会うことを。キリスト教の教会だったんですけどね」とグレイスは可笑しそうに笑った。

当時の彼女が「これこそアメリカ社会」と思っていたのは、今思えば実は移民社会だった。誰もが彼女のような顔をしていた。中国人、日本人、ベトナム人、韓国人、カンボジア人が殆どだった。みなアクセントのある英語を喋っていた。サンフランシスコ近辺は、現在でもアジア人が非常に多い。カリフォルニア大学のバークレー校は、サンフランシスコ郊外にあるが、学生の約40パーセントはアジア人である。40パーセントが白人で、残りがメキシコ系や黒人である。

やがてグレイスは、教会で英語を学んだ学生の何人かが、大学に進学したといううわさを耳にした。「どうやって大学に行ったの？　私、お金は無いんだけど」とグレイスは聞いてまわった。台湾では親が子供の大学の学費を出すが、グレイスの父親は、彼女の学費を出す気はなさそうだった。教会の仲間はグレイスに、「お金は要らないんだよ。学費援助制度に応募すればいいんだ」と教えてくれた。そこでグレイスは、サンフランシスコのコミュニティ・カレッジ（公立短期大学）に応募した。彼女が台湾の大学で取った単位は認められなかったから、一年生からやりなおしで、2年後の1980年に卒業した。

卒業後、グレイスは将来のあてもなく、3ヵ月ほど台湾を訪れた。その頃には、母は台湾での教職の任期を終えて、サンフランシスコに戻っていた。グレイスは台湾での毎日がとても楽しかった。口うるさい母が居なかったからである。弟だけがいて、兵役の義務を果たしていた。だがグレイス自身は、将来何をしたらよいのか、全くあてがなかった。

サンフランシスコに帰ってからのグレイスは、また惨めになった。再び母の拘束の下に置かれたからである。グレイスは自立のために、安い賃金の仕事を見つけた。家を出たくて、アパートの一部屋を借りもした。そして両親に、自立できるから家を出たいと申し出た。しかし父は許さなかった。その頃グレイスには男友達がいたので、父は二人が同棲するのだと疑った。「とんでもない。これと友達とは関係ないわ。わたしは一人で暮らしたいだけよ」とグレイスは言ったが、父は耳を貸さない。母は激怒して、グレイスに口をきかなかった。一家は一つ屋根の下に暮らしていながら、お互いに口をきかなかった。

やがてやっと口をきいた母は、「お前が唯一つ出来るのは、金持ちと結婚することだ」と言って、台湾の或る有名女優の弟を、金持ちだからという理由でグレイスにひき会わせた。しかしその台湾人たちは、ただグリーンカードが欲しかっただけだったのだ。グレイスに直接はっきりとそう言ったのである。そこでグレイスは考えた。「例え私がその男性を好きだとしても、彼が私と結婚したいのはグリーンカードを取るためなのだ。今月彼に会ったばかりの私が、来月彼のグリーンカードのために結婚する、私はそんな結婚は信じない」と。だからグレイスはこの縁談を断った。これがグレイスのその頃の日常だったのだ。結婚、しかも金持ちの男性との結婚以外には、父はグレイスを放さない。「お前が男友達と付き合っていないなら、何故家を出る必要があるのだ？　女が結婚しないで一人で住むなど言語同断じゃ」と言うのだった。

サンフランシスコにあるグレイスの両親の家には、小さな離れがあった。客用のゲストハウスだ。両親はしぶしぶながら、グレイスがこの離れに住むことに妥協した。グレイスは、この出来事を「私の起こした小さな革命」と呼ぶ。しかしグレイスの新しい生活に、母は以前同様に介入してきた。母はアメリカでの生活に、何の計画も持っていなかったのだ。教師生活の終焉とともに、彼女の自立生活も終わったらしく、完全に子供たちに依存してきた。まだ60歳にならないというのに、車の運転も習おうとしなかった。グレイスは顔をしかめて、「母は私たちが母にかしずくことを望んでいたのです。」子供たちは学校や仕事があって忙しいのに、母は朝になっていきなり「今日は銀行へ行かなくちゃならない」と言い出だす。グレイスが「でも今日は学校があるから」と言うと、たちまち「学校が銀行より大事だと言うのかい？　毎日どうやってご飯を食べるんだね？　この家のローンをどうやって払っていると思っているんだね？」と母はくってかかった。

最近になってグレイスは、歳月のプリズムを通して、当時のことを冷静に分析できるようになった。グレイスの両親は、長い間離れ離れに暮らしており、その上性格が全く違っていたから、不幸な結婚生活だったのだ。だから母は、その欲求不満を、子供たちにぶつけたらしい。外に出る度に、グレイスはなるべく遅く家に帰ろうとした。見ると妹も同じようにやっているではないか。でも妹はまだよかった。妹がアメリカに来たのは、まだ12歳の時だったから、それ以来のアメリカの学校生活のおかげで、妹はアメリカ風に十分自分の意思が通せるようになっていたのだ。しかしグレイスはそうはいかない。兄はといえば、サンタ・バーバラの大学院を卒業して、そこで結婚していた。男兄弟はラクなものだ、とグレイスは思った。母は彼らに好きなようにさせていたからである。だからすべての圧力はグレイス一人にかかってきた。「全くいい加減にしてよ！」とグレイスは叫びたくなるような思いで暮らしていた。

1981年にグレイスは銀行で働き始め、ボーイフレンドと結婚することにした。間違った理由で結婚する人も多いが、グレイスもその一人だった。「私は母から逃れたい一心で、彼と結婚したのです」とはっきり言う。グレイスは母に「お前は駄目な子だ」と年中言われて、自分に全く自信がなかったが、それでも心のどこかに、自分にはもっと良い生活がある筈だとの思いがあった。だが結婚して一週間後に、グレイスは間違った人と結婚したことに気づいた。夫は良い人だったが、グレイスには合っていなかったのだ。夫はイラン人の電気工だった。グレイスは夫がもっと勉強して、ちゃんとした電気技師になって欲しかったが、夫は勉強したがらなかった。だからただの電気修理屋に過ぎなかったのだ。グレイスは夫がもっと伸びるはずだと思ったので、学校に行くように一生懸命励ましたが無駄だった。グレイスは無意識のうちに、母が兄や彼女にやったのと同じように、夫のお尻を叩いて圧力をかけたのだった。そして夫も、グレイスのことを「まるで君の母親とそっくりだ」と言った。

夫は自分中心の考え方しか出来ない人だった。グレイスが流産をした時、彼女がちゃんと自分の世話をしないからだと、彼女のせいにした。だがつわりの時も、夫は寝かせてくれなかったのだ。しかし離婚は考えなかった。彼女の両親は年中喧嘩していたので、これが普通なのだと思った。結婚生活とはこういうものなのだから、やっていけると思った。その一方で、彼女は学校に行って、プロのアーティストになりたいと思った。しかし夫は反対だった。夫は彼女が、伝統的なイラン人の女性のように、子供を持って妻でいることしか望まなかったのだ。夫はある高級ホテルの主任電気工になっていて、二人分の生活費は稼いでいたのである。

本書第1部ファリデーの章にもあるように、1970年代の終わりから1980年代にかけて、イラン人がどっとアメリカにやって来た。グレイスの夫のいとこも、妻を伴ってやって来て、グレイスの家に住み着いた。いとこの妻は、なんと夫の昔のガールフレンドだった。しかもあろうことか、自分の夫と離婚して、グレイスの夫と結婚したがった。グレイスが夫に、「心を決めなさい」と言うと、夫はグレイス次第だと言い、さらにグレイスが一生忘れられないことを言った。彼女が夫にとって価値があるのは、セックスと簿記が出来ることだけだと言ったのだった。グレイスは一夜泣き明かしたが、それで決心がついた。

グレイスは1987年に夫の家を出て、アパートを借り、美術学校を探したが、同じ行くなら最高の学校へ行きたかった。そこでパサデナ市にある造形美術大学を選び、サンフランシスコからロスアンゼルス郊外のパサデナ市に引っ越して、夜間部の学生になった。昼間の学生にならなかったのは、彼女がアメリカで習得した美術の課目が、昼間の正規の学生となるには十分でなかったからだ。それでも夜間部があったのは、グレイスにとって幸いだったというべきだろう。一方で、彼女は弁護士を雇って、夫と交渉してこれまで彼女が家の購入に貢献した金を払い戻してもらった。その金と、学校からの学費援助と、昼間働いたお金とで、学費を払うことが出来た。1988年に正式に離婚が成立し、同じ年にグレイスは昼間部の正規の学生となった。

グレイスがグラフィック・デザインを専攻したのは、それが好きだったからではなく、好きでない分野を消していった結果、そうなったのである。当初彼女は、「美術」という一つの分野があるだけだと思っていた。台湾ではそうだったから。ところがアメリカでは、随分沢山の分野があるのを知った。絵は子供の時から描いてばかりいて飽き飽きしていたから、挿絵画家になるのはいやだった。広告は興味があったが、自分の英語では、交渉したり、広告主の気に入るような広告の文章を書くことなど、とても出来そうもなかった。自動車のデザインや商品デザインは、興味がなかった。グラフィック・デザインとは何なのか知らなかったが、当時とても人気があり、他の分野は好きでなかったから、結局それに落ち着いた。

グレイスはこの学校で、英語ばかりでなく、アメリカ文化についても本当に沢山のことを学んだ。授業はとても大変で、我ながらよくやったと思う。英語もむずかしくて、最初は講師の言っていることがよく分からなかった。一度に5課目もとらなければならなかったし、その一つ一つに、毎週課題が出た。毎週5回、クラスの前に立って、自分の課題のプレゼンテーションをしなければならなかった。夫と別居したばかりだったから、心理的にも大変な時だった。

グレイスは、造形美術大学で知り合った現在の夫と結婚した。「私はボーイフレンドに不自由しませんでしたよ」と彼女は何度も言った。みんな彼女のことを好いてくれた。そして、別れた後も、いつも彼女に戻ってほしいと言ってきた。だから彼女はこれだけは自信があった。自分は男性に好かれるということに。だがそれ以外は、自分の能力や技術にまるで自信がなかった。自分は駄目な人間だとばかり思っていた。いつも母がそう言っていたからである。

しかし、今の夫が彼女に自信を与えてくれた。年下の夫はアメリカ人で、とてもいい人なのだ。夫の祖先はオランダからの移民で、夫の祖父はアメリカのニュージャージー州の牧師だった。夫は、グレイスに能力があると言ってくれる。彼女が顧客がくれたプロジェクトが出来るかどうか自信がない時は、夫は彼女だったら出来ると言ってくれる。夫は物事をいつも肯定的に見る人なのである。それでも長年にわたる母の影響か、いまだにグレイスは、ディズニーのような大手に自分を売り込むだけの自信は持てない。

グレイスは始め、子供を欲しくなかった。働きたかったのだ。顧客を見つけなければならなかった。でも今では、子供を産んでいて良かったと思っている。

グレイスの母は、以前と全く同じである。だが現在は、母のお気に入りの弟が一緒に住んで世話をしているので、以前ほどはグレイスに干渉しない。とくにある日、グレイスが母にこう言ってやって以来だ。「私は馬鹿じゃないわ。お母さんは、中国人のように、人をうまくだませるのを利口だと思っているんでしょ。それは利口なんじゃないわ。それは狡いだけよ。私は正直で働き者で、良い仕事をしているわ。でも私は馬鹿じゃない。」

フリーランスで仕事を始めて間もなくグレイスは、もっと顧客をとれるかと思って、アジア・ビジネス協会の会員となった。会員になって5年目に、協会の理事長になるよう依頼された。理由はこうだ。会員の殆どは台湾人で、韓国人と日本人が数人いるが、女性は殆どいない。アメリカの実業界は、男性ばかりの組織とビジネスをしたらない。というのは、女性や少数民族を雇わないと、政府に罰されることがあるからである。そこで協会では、女性のグレイスに理事長になって欲しかったのだ。だからといって、彼女に何の権力もあったわけではない。いわば「お飾り」で、男性がすべて決定することに変わりはなかった。

グレイスは、アメリカの好きな点を、台湾との対比を抜きにしては語れない。

「台湾では、親や年上の人を批判することは許されません。たとえ彼らが間違っていてもです。彼らの反対を押して、自分の思いを通すことなど出来ません。でもアメリカでは、それが出来ます。アメリカでは、一方通行ではないコミュニケーションが持てます。それがアメリカで、私が一番好きな点です。

「台湾では、人々は自分の本心を隠しています。自分が本当に望んでいることを表しません。台湾では、黙って人の能力を自分の利益のために利用するんですよ。例えばもしある台湾人が、首相とか会社社長になりたくて、あなたの力を借りればなれると思うと、あなたに手伝って下さいと言うかわりに、あなたを黙って利用して目的を達するんです。アメリカでもそういう政略は使われることがあるでしょうが、大抵は公明正大です。台湾では悪賢く、狡猾です。特に中国人はそうです。本当ですよ。

「台湾では、私がやりたいやり方では、何事もうまくいきませんでした。アメリカの台湾社会でさえも、うまくいきません。自分がどういう風にやろうとしても、彼らは彼らのやり方を押し付けてくるんです。金を払っているのだから、言うとおりにしろと言います。私が、そのアイデアは納得出来ないから、もっと説明して下さいと言うと、言う通りにすればいいのだと言います。彼らがより良いアイデアを持っているわけではないんですよ。私が仕事が出来ると知っているけど、私の思い通りにはさせたくないんです。なぜなら彼らは妬ましいからなんです。

「台湾コミュニティは、私個人が賞賛されるようなやり方では私に仕事をさせたくないのです。彼らの望むことは、私に仕事をさせて、彼らが賞賛されるような結果になることなのです。あんただけ目立ちたいのなら仕事はさせない、あんたは私のために働けばいい、という社会です。分かりますか？　彼らはすべてをコントロールしたいのです。彼らというのは、中国社会にコネを張り巡らしている実業家たちのことです。個人で動ける唯一の例外は、金持ちである場合です。あなたが金持ちだったら、彼らは『一緒に仕事をしようじゃないか。あんたは金持ちだから』と言います。」

グレイスが嫌っているこの社会現象には、実は正統な歴史的理由がある。古来中国や日本は、家族主義、国家主義の国で、個人主義は西洋からの輸入である。個人は会社や国家に貢献し、そうすることで、会社や国家の保護を受ける仕組みになっていた。日本では、用務員であっても、トヨタに勤務していることが誇りであるゆえんである。逆に、個人主義の国アメリカでは、会社名より自分の職種にプライドを持つ傾向がある。また、日本の新聞には、特殊な解説記事を除いて記者の名前が載らないが、アメリカの新聞には必ず記者の名前が印刷されていることも、この全体主義と個人主義の違いを象徴している。

ともあれグレイスは、台湾に居た時から、なぜかそういう社会が嫌いだった。だから今では、台湾コミュニティと仕事をするのは、当事者がアメリカ的な仕事の進め方が出来る人であるときに限っている。

グレイスがアメリカ社会に対して批判があるとすれば、それは幼時期の教育である。これは必ずしも学校教育ではなくて、もっと精神的な意味だそうだ。１９４０年代とか１９５０年代のアメリカン・スピリットは素晴らしかった。誰もが一生懸命働いて、自分のためにも国のためにも、生活の質の向上に励んでいた。ところが現代のアメリカ人は刹那主義で、自分たちのたどった道のことも、これからの行く末も、何も考えていないように見える。親や教師たちは、幼児をハッピーにさせることしか頭にないようだ。たとえば子供がゲームを楽しんでいたら、勉強をしなくても放っておく。しかし子供に自由を与えすぎるのはよくないと、グレイスは思う。中国や日本の子供は、もっと規律正しい生活をしているので、総体的にしっかりした、向上心に富んだ大人になる。アメリカの労働者階級の人たちも、テレビばかり見ていないで、大学に行くことを目指すべきだ。彼らが幼いうちに、大学へ行きたい気持ちが起こるように、親が方向付けをしてやるべきだった。グレイスは、自分の親は学費を出してくれなかったけれど、自分は大学へ行ったということを強調した。台湾の大学での2年間を除いても、グレイスはアメリカの短大で2年、パサデナの造形美術大学で4年と、合計6年間もの大学教育を受けている。これが彼女の人生のハイポイントであったのは明らかだ。

もうひとつ、グレイスがアメリカで気に入らないのは、アメリカ人が金銭主義で、精神的な深みに欠けることである。浅薄きわまりないテレビ番組が、これを象徴している。

ここでちょっと、知られているようで知られていない台湾の歴史に触れると、蒋介石が共産化した中国を逃れて台湾に渡り、１９４９年にそこに共和国を設立して以来、台湾人は台湾語ではなく中国語（北京語）を喋るよう強制された。ところが１９９２年に台湾人のリー氏が大統領に当選したため、再び台湾語が、公用語や学校教育に使われることになったのだ。１９７７年にアメリカに来たグレイスは、台湾のパスポートを持っているが、彼女が祖国を出てから採用された台湾語は、全く話せない。だが台湾の国情は、彼女が出る前から一貫して西洋寄りで、経済も中国本土より栄えてきた。しかし中国は地上第二の広大な国土と最多の国民を擁する国なので、台湾を領土だと主張する中国の意向を、国際社会は無視できない。台湾の将来は、「香港のように、中国に属しながら独立の経済区になるかもしれません」とグレイスは言った。また彼女の国籍については、誰かが彼女に

「あなたは中国人ですか？」と訊いたら、「ハイ、でも私は台湾人です」と答える。「これが台湾人の考えです」と彼女は言った。

国籍はともかくとして、グレイスはいつも、自分は一体誰なんだろうと考える。夫は彼女をアメリカ人だと思っている。彼が中国人のビジネスマンのことを、狡猾だと悪口を言う時、グレイスが「私も中国人よ」と言うと、「ノー、ノー、君はアメリカ人だ」と言う。アメリカ人と結婚しているために、家庭で喋る言語は勿論英語だが、子供たちには中国語で話しかけている。中国語の学校にも通わせている。

グレイスはアメリカに暮らしていて、都合が悪いと思ったことは何も無いが、あまりにも長い間台湾を訪れていないので、台湾が実際にどう変わったのか、全く分からない。だからアメリカを現在の台湾と比べて、どちらが良いとは実のところ言えない。それでもアメリカの方が暮らし良い気がする。だから将来、台湾を2、3ヵ月間訪問することはあっても、永住することはない。しかしヨーロッパも住んでみたら面白いかもしれない。もっともヨーロッパに行ったことはないが。

それでもすべてを天秤にかけてみて、やはりアメリカは、機会があるからみんなが来るのだろうと思う。男だろうと女だろうと、移民だろうと年をとっていようと、何かやろうという意欲と決意があれば、それがやれる国だからだ。台湾に居て、グラフィック・デザイナーになろうとしたら、なれただろうかと時々考える。なれたかもしれないが、多分駄目だったろうと思う。能力以前の問題で、周囲の干渉とか圧力とか、女性に対する固定観念とかで、挫折したような気がする。それらが直接自分の道を塞いだというよりは、それらのせいで、自分の気力がしぼんだだろうと思う。花が育つには、水と太陽が必要なのだ。

グレイスは、仕事が楽しくて仕方がない。仕事が趣味と言っていいだろう。これまでの様々の鬱積が、5年前の結婚以来消失したこともあって、日常ストレスを感じることが全くない。従ってストレス対策などというものもない。

グレイスの生涯で一番楽しい思い出は、現在の夫との結婚式だった。もし人生を繰り返せるなら、もっと早くアメリカに来て、英語もうまくなりたかった。しかし彼女は、両親がアメリカに来たから来られたのであって、それまでの人生は、彼女がコントロール出来なかった。だからアメリカに来てからが、もしその気ならコントロール出来る部分だったのだ。彼女は、もっと意志を強く持って、もっと早く、親の家を出るべきだったと思っている。

今ひとつ、彼女が思案するのは結婚についてだ。最初の結婚で、随分と余計な苦労や時間の無駄をした。しかし母から離れるには、当時の彼女の置かれた状況では、結婚しかなかった。母が事あるごとに、「お前は駄目だ、結婚して男に頼るしかない」と言い暮らしていたので、自分の唯一の価値は、男に好かれるということだけだと思っていた。今でもそう思っているふしがある。それを未だに自分の価値と思い込むほど、母の絶え間なき訓示は強力で、今も消えないものらしい。

ともあれ、最初の結婚を踏み台にして、グレイスの職業への道が開けたのだ。にもかかわらずグレイスは、結婚をしなかったら、もっと仕事の能力ばかりでなく、人との交渉や交際の能力も磨けたのに、と思っている。子供も職業のさまたげになる。だが今では、子供を持って幸せなので、もっと早く結婚して子供を持って、それから職業に専念すればよかったのか、それとも職業に没頭してから、結婚したらよかったのか、未だにわからない。グレイスのような、いわば台湾の伝統文化に育った女性が、家庭と職業の両立という、先進国の女性特有の贅沢な悩みを持てるのも、彼女がアメリカへ移住したからであろう。

第4章　ステファニー――大学付属研究所長（韓国）

（ステファニーは大学付属のリサーチ・センターのディレクターである。13歳で米国に移住して、現在52歳。最近離婚して、成人した娘がいる。）

ステファニーに会う前に、私はなんとなく、長身でいかめしい人を想像していた。それは、ステファニーがスタンフォード大学の博士号を持っていて、世界をまたにかけて男性を凌ぐ仕事をしていると聞いていたからだ。インタビューのため、風光明媚な海辺に新築されたばかりの、ツイン・タワーの一つを訪れた。これは一戸当たり数億円はする超高級コンドミニアム〔マンション〕ビルである。タワーに入ると、吹き抜けになった広いロビーには受付が何人も並んでいて、訪問者のセキュリティを厳しくチェックしていた。コンドミニアムのビルというよりは、国家機密か何かを扱っている政府機関のような感じがした。これもステファニーが、米国代表団の一員として、外国政府を相手に仕事をしていると聞いていたからだろう。ところがドアをあけてくれたのは、小柄な女性で、しかも小腰をかがめて遠慮がちにほほえんだので、ふと日本人の主婦かと錯覚した。

ステファニーのコンドミニアムからは、有名なマリナ・デル・レイの港が、眼下に一望のもとに見渡せる。この港は、レジャーボート用では世界最大の人工港で、世界から集まって来た6000隻以上のヨットやモーターボートが、紺碧の空と海を背景に、所狭しと係留されていた。ベランダに出ると、さわやかな潮風が吹いてくる。広い居間には、ヤマハのグランドピアノが置いてあった。

彼女が日本人の主婦のように見えたわけは、インタビューをしているうちに分かった。それでもさすがにステファニーは、バリバリのキャリア・ウーマンらしく、黒いドレスシャツにベージュのパンツをはいて、目元に強いアイシャドウをほどこしていた。だが口紅はつけていなかった。口紅をつけないのは、常に男性に囲まれて会食をしながらビジネスをするので、化粧室に行って口紅を付け直すような雰囲気でないからだろうか。またそんなことをして、やっぱり女性だとみくびられることを避けているのだろうか。彼女の装いで一つだけ際立って女性らしかったのは、アンティークらしいダイヤのぶら下がったイヤリングだった。この後何度か彼女に会ったが、服装はカジュアルから正装に変わっても、常に同じイヤリングだったので、これも彼女の多忙な生活を反映しているようだった。

ステファニーは、韓国第二の都市で最大の港であるプサン〔釜山〕で生まれ育った。プサンは日本に最も近距離の都市でもある。彼女の父は、韓国の大学の核物理学の助教授として、安定した地位にあった。しかしステファニーによれば、彼は「未来志向の進歩的な男」だったので、妻子を韓国に残して、単身アメリカの大学にフルブライトの研究生として留学した。そして、物理化学の分野で博士号を取った時、家族をアメリカに呼び寄せることにした。まず試験的に妻と長男を呼び、2年後にステファニーと弟が合流した。そして一家はボストンに落ち着いた。父はすでに、ある大手電池会社の研究所に就職していた。1968年のことである。

ステファニーの母は、韓国で女医をしていた。一家がアメリカに移住するとき、親戚たちの反対は全くなかった。当時韓国では、アメリカへの移住は素晴らしいこととされていた。あの人たちは美しい国――韓国では漢字でアメリカのことを「美国」と書く――に行くんだ、とむしろ自慢した。母はアメリカに来た時、アメリカの医師試験を受けて医師になる道を選ばずに、医療技士として研究所で病理学者たちの癌の早期発見の手伝いをした。母はたちまちその分野の専門家になって、大勢の医者の手助けをした。

しかしその両親は、現在韓国に住んでいるという。両親は韓国で、アメリカに居た頃以上のキャリアを持っているとステファニーは言ったが、これはちょっと解せなかった。妻子を韓国に残してまでアメリカに憧れて留学し、後に一家を移住させてしまった父親が、3人の子供をアメリカに残して韓国に戻ってしまったというのが納得がいかなかったのだ。それともステファニーの両親は、まだまだ職業上の野心を燃やしているのだろうか。だがこのインタビューの中でのいくつかの疑問は、いずれ驚くべき形で解明することになる。

アメリカに来るまで、ステファニーは韓国の公立の学校に通っていたから、英語は中学校で2年間習っただけだった。アメリカに着いた日のことを、ステファニーは今でもはっきり覚えている。丁度バレンタイン・デーで、学校は冬休み中だった。（注：アメリカ東部の学校の多くは2学期制なので、長い冬休みがある。）そして一週間後に、冬休みが終わると同時に、ステファニーは公立学校に入れられた。そこで彼女の性格はガラリと変わってしまった。彼女はそれまで、どちらかというとお転婆だったのだが、アメリカに来たとたんに、あまりにも環境が変わってしまったので、彼女はすっかり内気な子供になってしまったのだ。初めの4、5ヵ月間は、殆ど英語を喋らなかった。そして、6月の終業式の日。彼女は絵のクラスが大好きで――多分、英語を話さなくてよかったからだろうが――絵の先生が彼女にとても親切にしてくれたので、その日、先生にささやかなプレゼントを持参して、これまでよく面倒を見てもらったお礼を言ったところ、先生の驚くまいことか！

先生はそれまでずっと、ステファニーが唖だと思っていて、可哀想だったので特別に親切にしたのだった。この一事を見ても、ステファニーがどんなに無口になったかが分かる。彼女は、自分の英語に全く自信が無かったのだ。

1960年代にはボストンに東洋人はあまりいなかったが、いずれも医師や、大学教授や、知的職業に従事している人たちばかりだったので、一般に、東洋人はとても尊敬されていた。だからステファニーは、東洋人であることで嫌な思いをした記憶がない。自分が周りの人と違っていることは分かったが、それをただ事実として受け止めて、それ以上は何も考えなかった。

まもなくステファニー一家は、マサチューセッツ州のニュートン市に転居した。ここはユダヤ人の多い、インテリで上流階級の人が住んでいる街だ。両親がニュートンに移ることにしたのは、ニュートンの公立高校が大変優れていたからである。ニュートン高校は、全米で私立高校も含めたトップ10校に入っていた。大勢の先生が博士号を持っており、ステファニーたちは素晴らしい教育を受けた。

ステファニーがアメリカに来てまもなく、父は彼女に、「女だからといって安売りすることはない、お前は男に劣らず優秀なのだから」と言って聞かせた。そして法律か、ビジネスか、工学か、医学の博士号を取るべきだと言った。父は、それを強制したわけではないが、娘に、やりたいことは何でもやれるという自覚を与えようとしたのだった。

これがステファニーの父である。ところが面白いことに、ステファニーの母は、娘の将来に対して全く違った考えを持っていた。母は子供時代から大学時代まで、日本の植民地だった韓国で、日本の学校教育制度で教育を受けた。当時の韓国では日本人がすべてを支配していて、裕福な韓国人は皆日本人学校に行ったのだった。その影響で、母は医師という職業人だが、こと社会や家庭における女性の役割という点では、きわめて伝統的な考えを抱いていた。だから母は、決してステファニーを勉学に追い立てなかった。「母は、てっきり私が家庭の主婦におさまると思って（とステファニーは「ハハハ」と笑い）、せいぜいピアノを余興に弾ければいいと思っていたんですよ。だから母は、私にピアノの練習は強制しましたが、大学院で博士号を取る話など、母と交わした覚えは全くありません。」両親の娘に対する期待が、こうも違っているのは面白い。

ところでステファニーのピアノの腕は、プロに近かったようである。ニュートン高校在学中に、有名なボストン・ポップス楽団が夏の間、近辺の高校を訪問して、無名の優秀なピアニストを探して共演したことがあった。ステファニーもその共演者の一人に選ばれたからである。それ以来、ピアノはやめていると彼女は言ったが、それだけ子供時代からやっていれば、今でもかなり弾けるはずである。居間のグランドピアノは、ただの飾り物ではなかったのだ。

韓国の女性の役割は、日本女性のそれと似ているが、韓国女性の方が日本女性よりはずっと強く、家庭内ですごい権力を振るっているとステファニーは主張する。彼女の母は日本の学校に行ったために、韓国に住んでいながら日本的になったのであって、誰でも母に会うと、非常に日本的な女性で日本文化の担い手だとさえ思う。母はあらゆる日本食を作って、子供たちに食べさせた。そのためステファニーも、さしみや味噌汁が大好きだ。また両親は、日本語がとても流暢である。実は、両親の中学高校時代の級友の殆どが日本人なので、両親はしょっちゅう日本に行き、同窓会も日本でやっている。ステファニーと同じく13歳頃にアメリカに移住した女性たちが、アッという間にアメリカナイズされてしまい、二世と区別がつかなくなるのと違って、ステファニーはいまだに人に会うと、古風な礼儀作法を守るところなど、全く東洋的である。そんな彼女の行動様式は、日本文化の強い影響を受けた家庭環境のせいらしい。彼女が日本の主婦に見えたのは、そのせいだったのだ。しかし面白いことに、彼女の思考様式は「全くアメリカ的」なのである。

ステファニーは1972年にMIT（マサチューセッツ工科大学）に入学した。理工系では全米で一、二を争う大学だ。MITに行った理由だが、彼女は大学に応募する頃にはすでにアメリカに3、4年住んでいたが、ビジネス・スクールやロー・スクールに行くには、まだ英語で話したり書いたりが充分出来ないと思ったので、工学部に行くことに決め、優れた工学部を持つMITが、たまたま家のすぐ近くにあったからである。

MITで、得意な絵と工学を結び付けられると思って、建築学を専攻した。だが建築学を勉強しているうちに、土木工学のほうが好きになった。芸術的なものよりも、政策とか巨大な国家企画のほうに興味が沸いたのだった。それで、気が付いたら土木工学をやっていて、学士号はそれで取った。

その時点では、将来どんな職業につきたいという目標は無かった。今でも選んだ分野が正しかったのかどうか、実は自分でも分からない。というのは、彼女は詩や文学が大好きで、韓国に居たら、そちらの分野に進んでいただろうからである。

ステファニーは、いくつかの大学院に応募し、第一志望のカリフォルニア大学バークレー校に合格した。しかしバークレーには結局行かなかった。これは1970年代の半ばのことで、学生運動や暴動がさかんだった頃だ。そしてステファニーが入学を決める直前に、あの有名な新聞王の娘、パティ・ハースト誘拐事件が起こった。みなバークレーで起こったことだ。だから両親は、バークレーに娘をやることに不安を抱いた。

そこでステファニーは、バークレーに勝るとも劣らぬ有名校、スタンフォードの大学院に進学した。彼女は土木工学専攻だったが、スタンフォードは他校に先駆けて、「建設経営管理学」という全く新しいコースを作ったところだった。これは建築学だけでなく、総合的な建設管理を教えるコースだった。当時ステファニーはそれを専攻した最初の女性で、しかもたった一人の女性だった。彼女は建設経営管理学で博士号を取った。

その年1983年に、彼女は自分のコンサルタント会社を設立した。同時に、カリフォルニア大学でも一年間教鞭をとった。教職というオプションも残しておきたかったからだった。5年後に、大手建設管理会社に就職し、やがて取締役副社長にまで出世した。昨年その会社を退職して、スタンフォード大学の付属研究所長に就任したのである。現在彼女は、スタンフォード大学のある町とロスアンゼルスを、2週間毎に飛行機で往復している。

大学の付属研究所長というのは、何をするのかよく分からない。「多国間の企画が、地域社会に与える、長期的な社会的経済的影響の調査」だそうだが、そう言われても門外漢には分かりにくい。まず、建設経営管理学というのを、具体的に説明してもらうと、これは分かり易かった。

「空港を作るというような巨大な計画の場合、建築技師が建設現場に行っても、その計画をどう実践するかという問題に直面します。建築技術だけの問題ではないんです。ガス会社とか道路公団といった公共機関や、地元の人たちや出資者や株主といった、利害関係のからんだ人たちと交渉しなければなりません。だからすごく多分野が関係してくる事業なんですよ。スタンフォード大学院は、技師にこういう多分野の知識を教え込むコースを設けたんです。だから私たち学生は、技術の課目だけでなく、経営学や、経済学や、会計学や、商法や、政治学まで（そう言って彼女は「ハハハ」と笑った）、ありとあらゆる課目を勉強しましたわ。」

実は、この「多分野にまたがる学部」というのがアメリカの大学の特徴の一つで、日本やアジアの大学には、ごく最近まで見られなかったものである。古来東洋では、色々なことをまんべんなく学んだ人が、教養のある人として尊敬されてきた。読者も経験があるかもしれないが、私たち日本人は、学校でも家庭でも、得意な課目をほめられるより、得意でない課目を勉強するよう先生や親に言われたものだ。その結果日本人は、何でも一応わかるような、同じような教養人に育った。広く浅く、である。

ところが西欧では、現実の問題を解決するために、一つの事だけに深く精通した専門家を育てようとした。しかし今日の高度に産業化した複雑な社会では、専門分野間のギャップが、日に日に現実的な問題を呈するようになった。だから西欧の大学は、関連分野をまとめたコースや学部を開設するようになり、その数は増える一方である。そして実はこれが、大人になってアメリカに来たアジアの学生が、最もとまどうことの一つなのだ。選択肢が多すぎるのである。もっとも彼らはこれを、「文化の違いのせい」とは見ないだろうけれど。

ところがステファニーは、アメリカの教育制度のこの際立った特徴をさらりと受け入れ、極度に多分野にわたった職業を選んだ。この点で彼女はまさしくアメリカ人なのだ。幼時に異文化に放り込めば、その文化に同化してしまうことは言うまでもないことで、ステファニーがまだ子供の頃アメリカに移住したことが、「非常にアメリカ的な」職業を選ぶことに貢献したのは確かなようだ。彼女は英語力が足りないと思って理工系を選んだが、まわりの学生が多分野にまたがるコースにどんどん進んでいくのを見て、それを至極当たり前のこととして受け入れたのである。

ステファニーは大学を卒業して間もない１９７７年に、同じ韓国人の、同じ大学院卒業の男性と結婚した。その男性も、高校生の時アメリカに来て、後に大学教授にまでなった成功者だ。彼らには24歳の娘が一人いて、ニューヨークで出版社に勤務している。夫婦は数年間別居したのち、昨年離婚した。理由は「色々あって」と複数の理由を示唆したものの、「結婚という大事なことを、よく考えもしないで、最初の話にのってしまった自分。その人生に納得がいかなかった。自分の納得のいく人生を思いきり全うしたかったんです。」とステファニーは説明した。

子供の時に祖国を離れ、アメリカ国民となり、40年近くもアメリカに住んでいるステファニーにとって、韓国はただ「昔住んでいた土地」であって、「望郷の地」などではない。だから他の女性たちのように、祖国をアメリカと絶えず比べることもない。それどころか、祖国という観念さえ超越してしまっているところがある。彼女は人生のある時点で、コスモポリタン（世界人）になろうと決めたのだ。そのいきさつを彼女はこう語る。

「私がアメリカに来た当時は、アメリカ人の前では自分が韓国人であることを弁解し、韓国人の前では自分がアメリカ人であることを弁解した時期がありました。これは大学院の始め頃まで続きました。そしてアメリカに来て以来、初めて韓国に帰ったのは、12年後の1980年でした。その時、私の記憶にあった韓国は、殆ど跡形もなくなっていることに気付きました。韓国は、ものすごい変貌をとげていたからです。ちょうどアジアが高度成長をとげていた時期です。私がいつも祖国と思っていたものは、なくなってしまっていたのです。その帰りの飛行機の中で思ったことを、私は今もはっきり覚えています。『私は韓国文化を持っていながらアメリカに住んでいて、素晴らしいものを両手に持っているのだ。だから、どちらか一方の国民になろうとしたり、弁解する代わりに、自分をコスモポリタン、世界市民とみなすことにしよう。自分は新しいアイデンティティ(独自性、主体性)を持つことができるのだ』と。」そしてこれが、彼女のその後のキャリアに反映したというか、むしろそれを形成した。というのは、彼女はその後、国際的な仕事をどんどんするようになって、沢山の国の人々と接するようになったからである。

それからずっと後になって、1993年から2000年まで、ステファニーは韓国で仕事をする機会を得た。もっともこの期間に、彼女はほかのアジア諸国でも働いていた。ベトナム、中国、フィリピン、タイ、そして韓国の間を6週間ごとに移動していたというから、驚くほかはない。この時はじめて彼女は、韓国では働きたくないと思った。彼女は韓国の業界でも知られていて、丁重な扱いを受けたが、韓国のビジネスのやり方が嫌だった。アメリカではすべてが公明正大で、たとえば、契約をすればそれは実行されると決まっている。ところが韓国を始めアジアでは、政治が強力に物を言って、契約が取れるかどうかばかりか、契約が取れても実行されるかどうかは、政治次第なのである。そして人間関係は、学閥や、生誕地や、性別が大きく関係してきて、ものすごく複雑である。韓国では何かやろうとすると、こういうことに精通していなければだめなのである。アメリカでもこういうことはあるが、アジアほどではない。

こういう国民的体質を変えるのは大変むずかしい。ステファニーが韓国に行ったのは、韓国に新空港を作る計画のためだった。韓国は、外国からステファニーを含む業界指導者を大勢招いて、新しい建設管理の方法を導入しようとした。ところが地元の業者たちは、大反対だった。なにしろ長い歴史がある業界で、昔からの利権のからんだ人間関係が続いていて、それを破るのは容易ではないのだ。

「賄賂もれっきとした韓国文化です。」ステファニーはこう明言しておいて、「でも、賄賂とは言わないんですよ」と「ハハハ」と笑い、「コンサルタントとかエージェントとかとして、合法的な契約を結び、チームの一員のような形をとっているのですが、要はその人が誰を知っているか、陰でどういう糸をひけるかにかかっているのです」とまた笑った。例えば「コンサルタント」として雇われた人は、ある重要人物に接触できる立場にいるというだけが理由だったりする。そしてこの体質は、勿論トップまで続いている。「だってそうでしょう。何千億円という政府の金を使う巨大計画の話ですからね。」そう言って、ステファニーは苦笑し、こういうことが韓国で仕事をする上で嫌いなことだと言った。

もう一つ、ステファニーが韓国で嫌いなことは、仕事で生まれた人間関係が持続しないことである。アメリカでは、仕事で生じた人間関係は、男女に関係なく持続する。ところが韓国では、こちらが女性で相手が男性だと、その関係が長続きしない。アメリカでは、時間を投資して関係を築くことが出来るが、韓国でも随分時間を投資したのに、それが無駄だったような気がする。日本では、人間関係を長期間維持することは忠誠心につながり、美徳とする文化があるので、人々は多少の無理をしてまで、信頼関係を持続しようとする。韓国の文化も似ているが、ステファニーの場合、子供の時に国を出てしまっていることと、やはり女性であるために、信頼関係を築いたり持続するのが難しかったようである。

それでは人間関係が濃厚で難しい韓国とちがって、さっぱりしているアメリカの方がステファニーは好きかというと、逆にアメリカでは人間関係がかなり冷たくて、ビジネスに徹底しており、それはそれでいい時もあるけれど、非常にやりにくい時もあると言う。最近になってステファニーが思うのは、アメリカ人は「月が替わる毎に気分が変わる」といった傾向があることだ。「今月のアイスクリーム」と唱って、毎月違った味のアイスクリームをレストランが提供するのと似ているという。いろんな傾向や流行が、入れ替わり立ち代り出現して、文化に不安定要素がある。これがステファニーが常に順応していかなければならないことである。いつも新しいことを学ばなければならないし、常時アンテナを張っていなければならない。ぬくぬくとしてはいられない。「会社に長く貢献して、ついに私は副社長になった、着くべきところに到達した、とあぐらをかいてはいられないんです」とステファニーは笑った。市場は常に変化しているし、社員は常に入れ替わっている。こういうことを無視してしまう人も沢山いる。自分の仕事だけやっていればいいと。逆に政治工作ばかりやっている人もいる。本当はネットワーク作りも、自分の実力を伸ばすことも、両方必要なのである。

ステファニーは時たま韓国を訪れるが、現代の韓国人はすっかり変わってしまって、見た目にも、これが韓国人かとびっくりする。背もうんと高くなっているし、「髪も黄色かったりして」とステファニーは笑いころげた。また時には、ステファニーが嫌いなアメリカの特徴を、10倍も悪くして持っている感じさえする。そして現代の韓国人は、企業家精神に富んでいる。しかしステファニーの記憶にある韓国文化は、昔のままのものだ。年長者を敬ったり、家族や両親を大切にしたりという、儒教の精神が文化の中心だった。アメリカに長く居る韓国人も、ステファニーと同じように、母国の古い習慣や作法を、そのまま持ち続けている。そういうことが現代の韓国ではだんだんと薄れているのを残念に思う。

ステファニー自身は韓国にとどまっていたら、今と同じような人間になったとは思わない。ではアメリカの何が、今日のステファニーを形成したかというと、一番大きな理由は、昔は無かったアファーマティヴ・アクション（差別撤廃措置）のような機会に恵まれたことだった。そのおかげでステファニーは、女だてらにMITに入学できたともいえる。彼女が入学した1972年に、MITは「全学生の10%は女子でなければならない」という方針を採択したからだ。その前年にはそんなものはなかったので、女子学生の数ははるかに少なかった。ステファニーは、この機会を利用したのだった。女子学生に対するそういった大学の態度の軟化が、いろいろな面でプラスに働いた。男子学生に混じって紅一点で、建設経営管理学のような伝統的に男子の独占分野を専攻できたこともそのあらわれだ。女性では入り込めなかったビジネス界に入れたのも、こういう機会に恵まれたからだった。

韓国人と結婚したために、ステファニーは家庭で韓国語と英語の両方を話し、韓国料理とアメリカ料理の両方を作ってきた。娘も両国語を話す。しかし、娘に母国語や母国文化を教えることについては、ステファニーはほかの移民たちとは少し違った考えだった。韓国人の親が、子供が韓国語を話せたり韓国文化を維持することを、すごく頑なに強制するのを見て、ステファニーは意識的にそういうことを娘に強制しなかった。娘に四六時中、韓国人とだけ付き合って欲しくなかったのだ。同国人ばかりで群れをなしている移民グループがいるが、それは不健全だと思ったのだ。

だからステファニーは、娘に家庭で韓国語を教えなかったし、韓国人の子弟のための塾にも通わせなかった。その当時ステファニーは、将来一家が韓国に帰って住むことは無いと思っていたからだ。もっとも一家が1993年まで住んでいたサンフランシスコでは、韓国人の教会に通っていたし、韓国人の友人もいたから、娘は自然に韓国語をボツボツ覚えた。しかし韓国語を教えることは一切しなかった。だから娘が大学で、韓国語の授業を3年間も取り続けていることを知った時は、ひどく驚いた。しかも韓国人学生の部会で、すごく活発に活動しているという。ステファニーは、自分の教育方針がまちがっていたのかなと考えてしまった。娘は自分が韓国人だという証《あかし》を探し求めているような気がしたのだ。親である自分が、それを十分に与えてあげなかったために。

その娘は、両親がアメリカに移住したことを単純に喜んでいるかというと、それに対するステファニーの答えは複雑だ。ステファニー自身は、両親が移住したことを恨めしく思ったことが再三ある。だから、親の選択ということについて考える。自分が親だったら、両親が決めた選択をしただろうかと。娘はどう思っているか知らないが、娘もステファニーと同じように、少数民族としての試練をくぐって来ているからである。そう言ってからステファニーは思い直したように、でも娘は今は快適にやっていて、いろんな文化の友達を持っている、と付け加えた。

厳密にはステファニーの両親が、一世の移民ということになる。しかし現実には、ステファニーが13歳という若さで移住したため、彼女が一世と二世の移民の意識の間を行きつ戻りつしていることが分かる。彼女は明らかに、一世と二世の特徴を兼ね備えている。

全くアクセントの無い流暢な英語や、アメリカ的思考法は二世の特徴だが、移民時のインパクトの鮮明な記憶や、移住の是非について思い迷うのは、一世ならではだろう。ちなみにステファニーの娘は、その後まもなくアイルランド系アメリカ人と結婚する。グレイス（中国）が観察したように、こうして移民は異人種間の結婚を操り返しながら、アメリカ社会に貢献してゆく。

本を読んだり、ピアノを弾くのがステファニーの趣味である。これらがストレス対策にもなっている。また仕事で厳しい試練をくぐる時、「ふつうの主婦だったら良かったなァ」と思うが、そういう想像をしてみるのも、いわばストレスからの逃避で、ストレス対策の一種と言えないこともない。しかし最近は特に、友人と喋ることが救いとなっている。キャリア・ウーマンはそのイメージを維持するためか、あまり内面を見せない人が多いが、ステファニーはこのごろ特に、自分から心を開いて自分の問題を話すようにしている。そして友人も同じような問題を抱えていることに気づいて、慰められるのである。

もしステファニーが人生を繰り返せるとしたら、彼女はもっと遅く結婚するだろう。彼女は最初の結婚話に乗って、結婚してしまった。両親が潮時だと言ったので。両親は彼女を大学院に行かせたくなかった。ここまで聴いて私は、彼女の父親は「進歩的」だった筈だが、やっぱり娘と息子に別の道を歩ませたい、典型的な韓国の父親だったのだろうかとの疑問が沸いた。ステファニーはただ、父は心配だったのだ、とだけ言った。そして、結婚は人生のとてもとても大事な決断なのに、それを自分はじっくり考えもしないで、最初の話に乗ってしまったと。

もうひとつ、人生をやり直せるなら、彼女は違った専門分野を選びたかった。英語が未熟だったために技術方面を選んだが、娘はなんと「詩人になりたい」と言うではないか。そう言ってステファニーは笑った。ところが実を言えば、ステファニーもずっと作家になりたいと思っていたのだ。だからやり直せるなら、自分は今やっている技術より、もっと創造的なことをやりたいと思う。今の仕事にも一杯楽しいことはある。規模の大きさとか、出会う人たちとか旅行とか。でももっと人間的な、深みのある、個人的なものが欲しい。これが今の自分の仕事に欠けているものである。いつもお偉いさんたちのエゴの集中砲火に応戦している気がする。だからいつも自分の中に、切望のようにあるのは、違う職業を選んだかもしれないということなのである。

彼女が正直に心情を吐露してくれたことに、私は感謝した。なぜなら、彼女のような成功した女性でも、自分の人生で下した決断に対して、迷いや疑問があることに驚いたからだ。私が感謝したことに勇気づけられたか、彼女は更に、人生をやり直せるなら、第三の点は、自分は誰にも移民の人生を送らせたいとは思わないと言い切った。なぜなら外国文化の中に生き続けるということは、すべてを勉強し直すということで、とても困難なことだからである。それに何と言っても移民はアウトサイダー（部外者）なのである。そして一生涯アウトサイダーであり続けるということは、出来ることならステファニーが避けたいと思うことなのだ。

私が会った中で最も成功している移民女性から、このような言葉を聞くことはとても興味深い。何が彼女にそのような言葉を言わせたのだろうか。彼女はあまりにも成功したので、移民にありがちな、「自分の人生はすべてばら色」のフリをしなければいけない必要を感じないからだろうか。それとも人生のマラソンコースを、あたかも短距離選手のように走ってきて、この一年以内に離婚をし、豪華なコンドミニアムを購入して、人生をちょっと振り返ってみる地点に達したからだろうか。

インタビューを終わるに当たって、彼女に何か言い残したことがあるか聞くと、私のインタビューの焦点が知りたい、なぜなら彼女は焦点もなく何もかも喋った気がするからといった。インタビューの目的は、祖国を出てアメリカに移住した女性たちの人生を語ってもらうことと、彼女たちの人生を方向付けた決定的要因を見つけることだった。私は、女性たちの人生を方向付けた要因の一つとして、子供をあげた。子供がアメリカに住みたがれば、移民は祖国に帰りたくてもアメリカを永住の地として根を下ろし、正真正銘のアメリカ国民となるが、子供がいなければ、いずれは祖国に帰るということである。

一週間後に彼女が「言い残したことがある」と私に電話をかけてきたのは、この最後の会話のためだと私は信じている。やがて驚くべき事実が判明して、私がインタビューの間に感じたいくつかの疑問が解消されることになった。

ステファニーはいつものスタンフォードからの旅行から帰った後、私をディナーに招いてくれた。理由は「インタビューで言い残したことを言いたいから」ということだった。そこで私は、またテープレコーダーを持参して、彼女の家を訪れた。テーブルに、手巻き寿司の材料が美しく並べてあった。各種のお刺身、きゅうりの千切り、貝割れ、それに勿論海苔。あさりとえのき茸の味噌汁も作ってあった。さらに海老の天ぷらや、うなぎも並んでいた。カリフォルニアでは「海老天の手巻き寿司」が流行っているのだ。日本の吟醸酒とデザートも準備されていた。ステファニーは何事も完璧にできる人のようだった。窓からの夜景は素晴らしかった。

ステファニーが私に言いたかったのは、彼女の兄に降りかかった出来事だった。ステファニーの兄は、彼女より2年前に、両親とアメリカに来た。彼女がアメリカに来たときの年齢と、ほぼ同じ年齢だった。彼は非常に頭脳明晰で、医科大学に入学した。父はよく、「お前はいずれノーベル賞をとる」と言っていた。ところがステファニーがＭＩＴの2年生だった時、どういう理由でか、この兄が精神に異常をきたしてしまったのだ。彼は、暴力的になり、特に父親とステファニーに激しく暴力を振るうようになった。ある時ステファニーはひどく殴りつけられて、ほほ骨がひび割れ、しばらくギブスをはめなければならなかった。兄は精神病と診断され、精神病院に収容された。両親はショックで、完全に打ちひしがれてしまった。その時ステファニーは、「自分が兄になろう、兄の役割をしょって、一家の柱となろう」と決意したのだった。

その後のステファニーの取った進路と、それに対する彼女の思いを、これ以上明快に表現した言葉があるだろうか。彼女の兄の病気のことを知らない人の目には、彼女はただ「非常に優秀な女性」と映るだけかもしれないが、実はそれを支えているのは、兄に代わってアメリカで大成功をおさめるという、彼女の使命感なのである。兄はアメリカの病院にも適応できず、両親が韓国に連れて帰って世話をしている。「これが、私の両親が韓国に住んでいる、本当の理由です」とステファニーは言った。私の移民女性と子供に関する仮説を、ステファニーは正直に告白することで証明してくれたのである。

兄は韓国で結婚して、二人の子供がある。よくそんな状態で、結婚相手があったものという疑問に答えるかのように、ステファニーは、兄の嫁は、2階級下の家柄からもらったと説明した。この「家柄」ということ、つまり家の格付け、これがもう一人の韓国人、ハイディがインタビューの中で、「私が韓国で嫌いなこと」と言っていたことだ、と思いながら私は聞いていた。

　ステファニーの兄は一度も働いたことがなく、両親とステファニーと弟が、兄一家を経済的に支えている。兄の二人の子供は、アメリカと韓国を行ったり来たりして、ステファニーは彼らのアメリカでの保護者の役目も果たしている。実はちょうど私がステファニーの家にいたとき、兄の子供の一人が彼女に電話をかけてきて、携帯電話購入の用紙に、保証人としてサインしてくれと頼んでいた。彼はまだ未成年だから、保証人が必要だったのだ。ステファニーは、甥が500ドル払えば、保証人が要らないことを調べて、サインを拒絶した。「彼はそのくらいのお金はありますから。私の信用状態は、彼らに目茶目茶にされてしまいましたわ」とステファニーは疲れたような微笑を浮かべた。彼女が両親の移住の決意を恨めしく思うのは、アメリカに移住さえしなければ、こういうことは何も起こらなかったのに、と思う時なのではないだろうか。

　さらに、父親がステファニーが大学院に行くことについて心配したのも、彼女が結婚することをすすめたのも、彼が伝統的な韓国人の父親だったからではなかった。むしろ彼は、長男に降りかかったような悲劇がステファニーに降りかかることを恐れたのだ。しかしステファニーは、兄の病気の原因が異文化の衝撃だったとは必ずしも思っていない。その理由は、彼女も弟もアメリカでちゃんとやっているからである。原因ははっきりしていないというが、兄が特に、父親とステファニーに暴力を振るったというのが暗示的だ。兄は、思春期に異文化に放り込まれて医学を勉強する重圧に加えて、父の熱い期待と、優秀な妹に追い打ちをかけられる思いで、張りつめた神経が持ちこたえられなかったのかもしれない。

ディナーの夜、ステファニーの顎は腫れあがっていた。当日、親知らずを抜き、同時に歯茎を補強する手術をしたからだ。にもかかわらず、彼女はディナーを延期することを拒んだ。「今日やりたいわ。どうせ来週末はまたスタンフォードに行かなければならないし」と言って。彼女は業界のトップに居続けるために、これまで随分と個人的な快適さを犠牲にしてきたに違いない。そして彼女が、「時々、ただの主婦だったらなぁと思う」と言ったのは、本音だったに違いない。

彼女がごく若くしてアメリカに移住したこと、また知的職業を持つ成功志向の両親が、今日のステファニーを育てることに貢献したのは明らかだ。しかし、やはり彼女の人生で決定的な出来事は、兄の病気だったのではないだろうか。それがなくてもステファニーは、現在のような優秀な人材に育っていたかもしれないが、もっとリラックスしたペースで、しかも移住したことに対して、現在のような相反する感情を抱くことなく暮らしていたように思う。

［追記：私は後に彼女と個人的に友人となったが、彼女は「私の人生に最も大きな影響を及ぼしたのは、兄の病気です」と言った。］

第５章　ノーマ――オートクチュールのドレス・メーカー（アルゼンチン）

（ノーマは30歳でアメリカに移住して、現在65歳。離婚していて、成人した一人息子とその家族がいる。）

ノーマは顔立ちのくっきりとした、美人というよりは「ハンサム」と言うほうがぴったりする女性である。背も高く、ジーンズをはき、ペディキュアも欠かさない、なかなかのお洒落さんである。祖母の代から三代続けて婦人服を作ってきた生粋の仕立て屋で、一枚の生地からどんな複雑なデザインのドレスでも作り出す。独立する前は、レーガン元大統領夫人ナンシー・レーガンの夜会服を作っていた有名なギリシャ人デザイナー、ジョン・ガラノス氏の工房で働いていた。ロスアンゼルスには、ノーマのような腕のいい職人の個人工房がたくさんある。仕立て業に限らず、宝石加工業、家具製造業、毛皮加工業などなど。会社組織のような経費がかからないので、彼らの製品はいわゆるブランド製品に比べ、品質は勝るとも劣らないのに、価格はその何分の一なのだ。たとえばノーマと同じアルゼンチン人で、ティファニーのカタログに載っている宝飾品のデザインと同じような物を作る人がいた。ティファニーのロゴが入っていないだけで、価格はずっと安かった。もう引退してしまったが、彼はティファニー製品の急ぎの修理を依頼されるほどの、腕と信用があった。彼らのような優れた個人工房の多くは、移民で成り立っている。

ノーマはアルゼンチン第二の都市、サンタ・フェで生まれた。祖母も母も腕利きの仕立て屋だったので、ノーマは幼い時から裁縫の手ほどきを受けた。そして家業を継ぐために洋裁専門学校に入学し、やがて一人前の仕立て屋になった。間もなく同業者と結婚して、首都ブエノスアイレスに移った。夫婦でブエノスアイレスの婦人服縫製工場で働いていたが、1970年にその工場が倒産した。夫婦で同じところで働いているのだから、その日から一家の収入がとだえた。息子は一歳になったばかりだった。ノーマは当時のアルゼンチンの政治や経済情勢のことはよく知らない。だからその頃、国全体の経済が左前になったのか、あるいは婦人服業界だけが不況だったのか、その辺の事情はよく分からないが、代わりの職場はなかなか見つからなかった。それまでは車もある中産階級の生活をしていたのに、車や家具を売りながら暮らすようになり、やがて夫婦はアメリカ行きを決意する。

はじめはアメリカに永住する気持ちはなかった。仕事を見つけ、2、3年お金を稼いでから、アルゼンチンに帰るつもりでいた。だからノーマの母は、たった二人の娘のうちの一人がアメリカに行くことを嫌がったけれども、いずれ帰ってくるからということで納得した。もっとも納得しなくても、母にはどうすることも出来なかった。夫婦の決意は固かったから、その行動を止めることは出来なかったのだ。それでもノーマにとっては、妹が母の近くに住んでいることはありがたかった。心おきなく出発できたからである。ノーマ夫婦は残りの家財道具一切を売却し、二歳になった息子を連れて、ロスアンゼルスにやってきた。１９７１年のことである。

だが、憧れて来たアメリカは、予想とは大分違っていた。唯一の知人である同国人が空港に迎えに来てくれて、アパート探しなどの世話をしてくれたが、はじめの頃は、場違いな所へ迷い込んで来たような違和感を持った。ブエノスアイレスでは家も車もあったのに、アメリカで見つけたアパートには、ベッドと、冷蔵庫と、テーブルと、椅子が二つしかなかった。ノーマは正直言って、なんでこんなところに来たのかと、何度も思った。一年間は車もなかった。ロスアンゼルスは、車が無いと大変不便な街なのだ。だから最初の一年間はいやだった。祖国だったら誰かに相談できたし、道で出会った人でも手伝ってくれただろうけれど、何しろ英語が喋れなかったから、何から何まで夫婦でやるしかなかった。

英語が分からないことが、こんなにも不自由とは予想していなかった。ノーマの母国語はスペイン語で、洋裁専門学校でも英語は教えてくれなかった。だからアメリカに来た当座は、マーケットに行って買い物をしようにも、たちまち困った。肉や野菜などの、目で見て分かるものはともかく、缶詰や瓶詰め、無数に並んでいるジュースやジャムやお菓子類など、小さな子供に食べさせるのに、どれを選んでいいのか分からなかった。ある日本人がアメリカのスーパーマーケットで、ドッグフードをそれと知らずに買って食べたという笑い話のような本当の話があるが、ノーマも同じ事をやりかねなかった。

だから、アメリカに来て一番苦労したのは英語だった。どこへ行くにも英語の辞書が欠かせなかった。幼児をかかえて、辞書を引きながらの買い物はとても大変だった。それでもノーマは、分からない言葉はその場で調べるだけでなく、メモ用紙に書き取って、家で調べなおした。英語学校にも通った。この努力と向学心のおかげで、ノーマは英語の基礎も全く無く、すっかり成人してアメリカに来た人にしては、英語が比較的らくに喋れる方なのだ。テレビに現在ほどはスペイン語のチャンネルがなかったのも、ノーマにとって良かったかもしれない。英語で聞くしかないから、かえって英語が上達したからだ。メキシコや中南米からの移民が急増した最近では、英語のチャンネルと同じ数かと思うほどスペイン語のチャンネルがあるので、一日中英語を話さなくても暮らせるくらいである。

アメリカへは観光ビザで来た。アメリカ到着後まもなく、アルゼンチン人の友人の紹介で、ガラノス氏の婦人服工房で夫婦共に働くことになり、ガラノス氏がスポンサーになって、永住権を申請してくれた。

ノーマがこの工房で働いていた期間中、或る大きな生地屋に、裏地布やボタンなどをよく買いに行った。ある日、その店の古参の店員がノーマに、「なんでそんな安いサラリーで働いているの？　独立して自宅で仕立てをすればいいじゃないの」と言った。「自宅でやるったって、どうやってお客を取るのよ？」と聞いたら、「よろしい。私がお客を紹介してあげましょう」と言われて、夫婦で独立をすることにした。自分の家が職場になったのだ。夫婦共に腕が良いし、間接費が入らないので仕立て代は安いしで、口コミで客がどんどん増えていった。そのうちに、「エレガンス」というヨーロッパ製生地の輸入専門販売店にも名前を登録すると、有名人や俳優なども生地を持ち込んでくるようになり、ノーマ夫婦の小さな家は、たちまちクチュリエと化した。

アメリカで暮らし始めた頃の生活で、一番ノーマの印象に残っているのはクリスマスだ。クリスマスというと、クリスマス・カードには雪景色が描かれている。だがアルゼンチンでは、クリスマスは夏にやってくる。アルゼンチンのある南アメリカは、南半球に位置しているから、夏と冬とが北半球とは逆になっていて、12月は夏なのだ。だからノーマは、ロスアンゼルスに来て、初めて冬にクリスマスを体験した。雪こそ降らなかったが、暖炉を焚いて、暖かい服にくるまって、本物のクリスマスを味わった気分がした。アメリカの家やコンドミニアムには、たいてい暖炉がついている。ガスや電気を引いた、体裁ばかりであまり暖かくない暖炉もあるが、実際に薪を燃やす暖炉も多い。ロスアンゼルスの冬は日本の冬より暖かいが、それでも冬のさなかには、暖炉で薪を燃やすにおいが、夜の空気の中を漂ってくる。ノーマも暖炉を焚いて、本物のモミの木のツリーを飾り、手編みの靴下を吊るして、クリスマス・カードにある通りのクリスマスを、子供と一緒に体験したのだった。

収入も増え、2台の車や家具調度など、アルゼンチン時代以上の生活レベルに達したが、ここに思わぬ伏兵が待っていた。自宅を職場にする以前は、夫婦で同じ工房で働いていたとはいえ、常に顔をつき合わせていたわけではないし、就業時間が終わったら仕事から解放されたから、ビジネスと家庭はそれなりに切り離されていた。ところが狭い我が家で、同じ仕事をしながら24時間を共に暮らすうちに、夫婦共にストレスが溜まっていった。しかも、他人に雇われていた時とちがって、経理や税金の問題まで、すべてが二人にのしかかってくる。小さな子供も四六時中うろちょろ走りまわっている。危険な針やハサミをどけたりと、気の休まる暇がない。助けてくれる親戚がいないことも、ストレスを高めたのかもしれない。やがてノーマが胃潰瘍の手術を受けることになり、それを機に夫婦は離婚してしまった。二人に対等の仕立て業の技術があったことも、離婚に走らせた原因かもしれない。つまり、経済的に二人共自立していたからである。

現在も、ノーマの工房は自宅の中にある。助手がひとりと、長年の友人がノーマの仕事を手伝っている。ノーマのハンサムな一人息子は、今はビバリーヒルズ警察署の警察官で、綺麗なアルゼンチン人の奥さんと一人娘と共に、ノーマの家からあまり遠くないところに住んでいる。一家は隔週の週末毎に、ノーマを囲んで一緒に食事をする。孫娘の外出着は、勿論全部ノーマのお手製である。このインタビューをした時、出来上がったばかりの孫娘のコートがハンガーに掛かっていた。Aラインで毛皮の襟のついた、とてもお洒落なコートだ。孫娘はまだ10歳にもならないのに、今からこんな洗練されたお洒落をしていたら、将来はモデルにでもなるかもしれない。「普段着も作ってやりたいけれど、とても時間がなくて」とノーマは言う。彼女の居心地のよい居間には、息子夫婦や孫娘の写真が、所狭しと飾られており、裏庭には手作りのバラが、今を盛りと咲いている。

ノーマは息子と共に、14年前にアメリカ市民となった。ノーマの母がいまだにアルゼンチンに住み、その面倒を見ていた妹も亡くなってしまったにもかかわらず、である。ノーマは市民になった正確な日付けを覚えていなかったので、金庫からアメリカ市民の公布証を出してきてくれた。ノーマの顔写真が貼ってある。それを見て、「なんと若いこと」とノーマは照れたように笑った。

アルゼンチンよりも、アメリカを永住の地として選んだ理由は、仕事の上での成功もあるが、アメリカのほうが暮らしやすいからだった。アメリカでは、働けば欲しいものが手に入り、暮らしたいような生活が出来る。アルゼンチンでは働いても働いても、そうはいかなかった。何もかも政府のコントロールがきいていて、窮屈だった。アメリカに来るまでは、それが当たり前だと思っていたのだが。たとえば銀行に口座を開こうとしても、一人では開けない。必ず保証人が必要だった。アパートを借りるのにも保証人が要った。すべてにわたって、ノーマ個人では何もできなかった。アメリカでは、ノーマ一人の意志で、車の購入から家を借りることまで、何だって出来るのだ。

そのほかアメリカの方が暮らしやすい例として、ノーマは医療制度をあげた。たとえばノーマの母は引退して、普通の健康保険のほかに、ＰＡＭＩという退職者用の医療費補助制度を受けているが、医者が処方箋を書いてくれても、それを持ってすぐ薬局に行けるわけではない。制度で保障された割引を受けるには、その処方箋を持ってさらに政府のオフィスに行って、認可証をもらわないといけない。それを持って薬局に行って、やっと薬がもらえる。2度も3度も手間がかかって、時間はかかるし、面倒きわまりない。しかしアルゼンチンは南米で二番目に富んだ国だし、勿論自由主義国だと私が指摘すると、「ええ、それはそうですが、政府のコントロールがきついんでしょうね。もっとも政府の上の方の人は、ものすごいお金持ちみたいですわ」とノーマは首をすくめた。

ノーマがアメリカ市民になったもう一つの理由は、年をとってから市民であるほうが、何かと保護されると思ったからだった。それに、一人息子がアメリカ人となっていることも、勿論大きな理由である。

しかしノーマは、文化的には「私はアルゼンチン人」と断言する。彼女の工房では、テレビは常にスペイン語のチャンネルになっている。スペイン語が母国語の助手への気遣いもあるかもしれないが。アメリカ人との交流は、顧客と日常生活上必要なやりとり以外はほとんど無い。ノーマから見ると、アメリカ人は母国人のように友好的ではないので、好きになれないらしい。ノーマの近所の人たちも、「おはよう」とも言わない。向かいの家の奥さんも、しょっちゅう顔を合わせるのに、ニコリともしない。アメリカ人は自分のことしか考えていないから、自分に関係の無い者には用がないのだ、というのがノーマの結論だ。アルゼンチンでは、挨拶はいわば社会義務のようなものだった。「おはよう」、「ご機嫌いかがですか」と、にこやかに挨拶をしあって一日が始まる。ところがアメリカ人は、気が向けば「グッドモーニング」くらい言うが、翌日は何も言わない、といった具合である。アルゼンチンの時のような、人と人との気持ちのいい交流がない。これだけがノーマから見て、アメリカに欠けているものである。

祖国には2年毎に帰る。同じアルゼンチンでも、北側のボリビアやパラグァイに接した地域は暑く貧しくて、南側のブエノスアイレスとサンタ・フェ以南は、気候も温暖で裕福な地域である。ブエノスアイレスは南緯35度あたりに位置して、丁度日本の伊豆あたりの気候である。南のパタゴニア地方からは石油が出るので、南側には石油関係のアメリカの会社が沢山ある。

ノーマはブエノスアイレスが懐かしい。ブエノスアイレスは本当に素晴らしい街だ。ノーマはニューヨークに行ったことはないが、行ったことのある人は、ブエノスアイレスはニューヨークと似ていると言う。とにかく何でもある国際都市だから、ほかにどこにも行く必要がない。ただ歩いて、ウィンドウを見るだけで楽しいし、昼間でも夜でも、なにかしら娯楽がある。映画館ばかり並んだ区域があるかと思えば、その隣にはレストランばかり並んだ区域がある。ダンスホールも午前3時4時まで開いている。「週末なんか、夜中の12時に開店するところもありますよ」とノーマは楽しそうに笑った。何もかも遅くまで開いていて、とても活気がある都市なのだ。舞台一杯に華麗に繰り広げられる情熱的なアルゼンチン・タンゴを楽しみながら、食事が出来るディナー・ショーも数多くある。ノーマはこれが大好きで、よく行ったものだ。ショーを見終えて外に出ると、ニューヨークやシカゴのように、歩道でジャズを演奏していたりもする。

ブエノスアイレスでは女性のファッションも素晴らしくて、ノーマはそこに住んでいた頃は、ビバリーヒルズのロデオ通りに相当するフロリダ通りに、よく行ったものだった。コートを着て、イキな帽子をかぶり、バッグと揃いの靴をはいて、その上お洒落な手袋までして行ったものだ。ここロスアンゼルスで出かけるときのような、ジーパンにTシャツなどという格好は、決して決してしなかった。「ここでは私は昔のエレガンスを失ってしまいました」とノーマは嘆く。
ブエノスアイレスでは、夕食は9時か10時だから、4時すぎにイギリス風の豪華なお茶の時間をとる。フィンガー・サンドウィッチやクッキーやスコーンがたっぷりとついた、ボリュームのあるものだ。生のピアノ演奏をしている喫茶店に行って、イギリス風のお茶をよく楽しんだ。ブエノスアイレスはとてもヨーロッパ風の街だから、観光客も沢山来る。余談だが、実はサンタモニカに、イギリス人の経営しているティーハウスがある。イギリス風の優雅なアフタヌーン・ティを供するのだ。ノーマは行ったことがないと言うので、案内することにした。しばしブエノスアイレスを偲ぶかもしれない。

ノーマはアルゼンチンの制度はきらいだが、アルゼンチン人は好きだ。隣人に親切で、暖かくて、特に外国人が来たら、すすんで助けようとする。ノーマが国を出てから、アルゼンチン人はうわべは変わったように見える。たしかに若い人たちは、アメリカ人と同じような格好をして、コーラを飲んで、ビッグ・マックを食べている。アメリカの音楽を好むし、アメリカのことは何でも知っている。ノーマの甥や姪は、ノーマがアルゼンチンに来ると知ると、あのCDを買って来てくれだの、あのDVDを買って来てくれだのと注文をつける。アルゼンチンの店先のセール広告も、スペイン語ではなくて、英語でSALEと書いてある。だが中身はそんなに変わっていないとノーマは思う。みんな表面的な変化にすぎない。アルゼンチン人の精神構造は同じだし、社会制度も同じである。女性も多少は変わったかもしれないが、やはりアメリカの女性に比べたらずっと保守的だ。だからノーマが母国の人たちに違和感を感じるときは、彼らが変わったというより、自分が変わったのだとノーマは思う。

ノーマはアメリカのカジュアルな暮らし方に慣れた結果、形式を重んじなくなった。身近な例では、ちょっと近所に出かけるくらいでドレスアップしなくなった。実利本位の考え方をするようになったのだ。うちで着ているスウェットのまま出かける。ブエノスアイレスでそんな格好で出かけるなどということは、考えられないが、まわりがみんなそうだからだ。

けれどもノーマは、自分は本質的にはアルゼンチン人で、アルゼンチンの文化を継承していると断言するとおり、アメリカ人ほど自己中心的には行動しない。例えばノーマの家のまん前に、近所の人が毎晩駐車する。本来ならノーマの車を駐車する場所だ。しかしノーマはあえて文句を言いに行かない。「私の息子（警察官）が、道路は公道で、誰でもどこにでも駐車できると言ったから」というのが理由だが、アメリカ人だったら、必ず「何で私の家の前にばかり駐車するのよ。自分の家の前に駐車すればいいでしょうが！」と文句を言いに行くか、当の車に貼り紙でもすることだろう。

ノーマの一人息子は、両親がアメリカに移住したことをとても喜んでいる。彼は幼なかったから、英語の不自由な母が、彼をアメリカの幼稚園や小学校に通わせる苦労を知らなかったわけだが、それに対する感謝の念からか、今では大変な孝行息子だ。クリスマスが近づくと、ノーマの家の内外を豆電球で飾りたてたり、早くからサテライト・ディッシュを取り付けて、ノーマが自宅で映画を楽しめるようにしたり、勤務帰りにしょっちゅう立ち寄って、男手でなければならない用事をしてゆく。ビバリーヒルズの警察署とノーマの家はとても近いのだ。

実はノーマがアメリカに来て12、3年たった頃、祖国に残っている年取った母のことも気になるし、アルゼンチンに帰ろうかと思ったことがあった。しかしその時には、すでに十代に達していた息子が、アルゼンチンに戻ることを拒否したのだった。たった2歳でアメリカに来た息子にとっては、アメリカが祖国だったし、ティーンエージャーの男の子にとって、アメリカほど面白い国は他になかっただろう。いやがる息子をムリヤリ連れて帰るわけにはいかなかった。

今となってはノーマは、将来アルゼンチンに帰って永住する気持ちは全く無い。アメリカに来てはじめの1年間は、なんでこんなところに来たのかと何度も思ったが、車を手に入れてから、世界が変わったようにラクになった。それからも何度か帰ろうかと思ったこともあった。子供の学費がアルゼンチンの方がずっと安かったからである。だがアメリカ市民になってからは、アメリカが本当に祖国に思えて、アルゼンチンに帰っても、すぐアメリカに帰りたくなる。とくに子供一家がここに永住している、というより、彼らは本当にアメリカ市民だから、ノーマにとっても「アメリカが祖国」だと彼女は言い切った。

しかしノーマも息子も、アルゼンチンの国籍を失ったわけではない。アルゼンチンやイギリスなど、国によっては二重国籍を許すのだ。ちなみに日本は、18歳までしか二重国籍を許さない。ある国が二重国籍を許すか許さないかの決定は、歴史的な国家間の緊密さ以外に、どういう理由で下されるのだろうか。日本大使館に問い合わせると、それは夫々の国の事情で決まるので、いちいちその国の法務局に問い合わせなければ分からないという返事が返ってきた。

ノーマがアメリカ人と社交をしないことはすでに述べたが、アメリカに住んでいる同国人の集まりにも行かないのはなぜか。ノーマは、アメリカにいる同国人はきらいと言う。母国にいるアルゼンチン人はいいが、ここに来ている人たちは違うと。どう違うかというと、なんとなく態度が傲慢なのである。ここでは車の一台や二台持つのは普通なのに、それだけでひどく成功したような態度をする。たしかにアルゼンチンでは、それは成功の部類に入るかもしれないが、アメリカではそれが普通なのだ。ノーマですら、車くらい持っている。

「国を出てきたからには、成功しなくてはならない」という信条みたいなものが、おのずと言動に表れて、実際以上に成功しているようなそぶりをするのだろうか。同じ理由で、グアテマラ人はアメリカにいるグアテマラ人を嫌うし、メキシコ人もアメリカにいるメキシコ人を嫌うそうだ。ちなみにノーマの助手はグアテマラ人で、アルゼンチン人ではない。

それにしてはアメリカに永住している日本人は、どちらかといえばコミュニティを作って、かたまって住んでいるし、中国人や韓国人もそうだ。この結束があるか無いかが、グループとしての移民の強さの分かれ目かもしれない。韓国や中国の移民はグループとして強いが、結束も強いからだ。

ノーマは特別な夢を抱いてアメリカに来たわけではない。いわば生活費を稼ぐためで、それも短期間のつもりだったから、自分の夢を達成したという思いもなければ、失望したわけでもない。いわば淡々と働いて、地道に生活を築き上げた移民といえるだろう。ノーマは2004年の大統領選挙では、共和党のブッシュ氏に投票した。移民が全員民主党支持かといったら、そうではない。ノーマのような零細企業家は、ブッシュの減税で恩恵を受けたのだ。（但し、ブッシュに幻滅した多くのカリフォルニア州人のように、2008年の大統領選では、ノーマもオバマ氏に投票した。）移民の国アメリカ、特に移民の多いカリフォルニア州では、政治家は移民のニーズにも十分注意を払って、移民からも1票でも多く取ろうと努力しないと、当選はおぼつかない。先のカリフォルニア州知事選で、オーストリアから移住して来たアーノルド・シュワルツネッガー氏が当選したとおり、移民パワーは着実に増えつつあるのだ。更に２０１０年のカリフォルニア州知事選では、ｅＢａｙの前女社長が、「州の経済を立て直す」と巨額の個人資金を投入して当選寸前まで行ったが、不法移民を10余年も雇っていたのがばれたとたんに彼女をバッサリ解雇したため、主としてヒスパニック系の有権者から、「保身ばかりで血も涙もない」と総スカンを喰らい、落選の憂き目を見た。ノーマも彼女に投票しなかった。これなども移民が州の政治を動かした良い例だろう。なにしろ今や、カリフォルニア州の人口の40パーセント近くがヒスパニック系なのだ。

もし人生を繰り返せたら、何をしていたかという質問には、「繰り返せないんだから、考えても仕方が無い」と、いかにもノーマらしい地道な答えが返ってきたが、そう言ったそばから、「私はやっぱり同じ仕事をしていたと思いますよ。祖母の代からの仕立て屋で、いわば家業ですからね。もしアルゼンチンで職を失わなかったら、そのまま母国にいたかもしれません。でも」と珍しくいたずらっぽく目を輝かせて、「アメリカには、当時、みんながすごく憧れていましたからねぇ。一旗揚げようと、やっぱりアメリカに来たと思います」と言った。

第6章　ゼイネップ——洋裁リフォーム業（トルコ）

（ゼイネップは25歳でアメリカに来て、現在49歳。結婚していて二人の娘がいる。）

ゼイネップは、黒曜石のようにキラキラ輝く目と漆黒の髪、白い肌を持った小柄な女性で、笑うと真っ白な歯がこぼれる。ロスアンゼルス市内に仕事場を持ち、真冬でも袖無しのドレスを着て、洋服のリフォームを20年もやっている。

インタビューのため、サンタモニカの彼女のタウンハウスを訪れた。海岸に近い彼女の家は、窓が開け放たれていて、海からの風が心地よく、パティオには色とりどりのシクラメンの花が咲いていた。広やかな居間兼食堂にはトルコ絨毯が敷きつめられ、二人の娘の底抜けに明るい笑顔の写真が飾ってあった。インタビューが終わった後で、ゼイネップは濃い目に入れた香り高いトルコ紅茶と、手作りのクッキーを供してくれた。それらは色鮮やかな文様の、トルコ製のカップとお皿に入っていた。私は一瞬、海から吹いてくる風が地中海からのそよ風で、自分はイスタンブールに居るような錯覚に陥った。

インタビューに先がけて、ゼイネップは「政治のことは話したくありません。私には関係のないことなので」と断った。折しもアメリカがイラク戦争に突入したところで、トルコがどこまでアメリカに協力するか、やかましく論議されている最中だった。彼女のコメントははからずも、トルコが昔も今も政治的紛争から抜けがたいことを思い起こさせた。トルコという国は、南はイラクとシリア、東はイラン、西はブルガリアと、地中海を囲むようにしてギリシャ、北は黒海に接していて、戦略的に要塞となる地理的位置にあるからである。

ゼイネップはトルコの首都アンカラで生まれたが、その後一家は、トルコ最大の商業都市で歴史的にも名高いイスタンブールに移った。ゼイネップは大学で、洋裁とデザインの教員免許状を取った。卒業後、トルコの古典文学を研究している男性と結婚した。ご主人は、元映画スターで前カリフォルニア州知事のアーノルド・シュワルツネッガー氏に瓜二つの男前なのだ。ゼイネップが小柄なのに、彼は大変背が高い。彼が妻の仕事場に立ち寄って、新聞を読んだり彼女の話し相手になっているのを時たま見かけるが、穏やかな微笑をたたえた、もの静かな紳士なので、「もしやゼイネップが先に彼にお熱をあげたのでは?」などと私は想像した。

結婚後2年間ほどは、彼女は殆ど専業主婦だったが、たまには洋裁の仕事も引き受けた。

やがて、ご主人が英国の大学で修士号を取ると決めた時、ゼイネップも英国に同行した。しかし妊娠したため、3ヵ月後に一人でトルコに帰った。一年後にご主人は、彼の指導教授がアメリカに転勤したため、その後を追うようにして単身アメリカのフィラデルフィアの大学に移った。間もなく更にロスアンゼルスのUCLAに移ってから、ご主人は妻と長女をアメリカに呼び寄せた。1977年のことで、長女は1歳になったばかりだった。

ゼイネップの見たロスアンゼルスの第一印象は、とても良かった。25年前はすべてがきれいだった。道路も今ほど混んではいなかった。もっともその頃から、スモッグはひどかった。地中海からの風に洗われているイスタンブールに比べたら、ロスアンゼルスの空気は汚れていた。しかしゼイネップは夫と合流できたので、少々空気が汚れていたところで、そんなことは全く気にならなかった。家族全員が揃ったので、とても幸せだった。

翌年ゼイネップは2番目の子供をみごもった。出産のため、彼女は再びトルコに帰ることにした。というのは、アメリカで出産する費用と、トルコまでの飛行機賃が同じだったばかりでなく、トルコに帰れば両親がなにかと面倒を見てくれるからだ。そして6ヵ月後にご主人が、妻と二人の娘を迎えにトルコに来た。こうして一家は、初めて揃ってロスアンゼルスの地を踏んだのだった。

ゼイネップがアメリカに来ることにしたのは、ご主人がアメリカで学問をするためにほかならない。彼女は英語もたどたどしくしか喋れなかったが、その決心は容易についた。彼女の信念は、いったん結婚したら、自分のためばかりでなく、家族全体のために決断しなければならないということだった。自分たちは家族なので、夫の未来は家族の未来でもあった。もし家族のためにより良い未来があると思えば、それを追求するのが妻の役目だと彼女は断言した。しかし私が見たところ、彼女は夫をとても愛しているので、夫の行くところは何処へでも、という情熱を持った女性のようだった。

当初の予定では、アメリカ滞在は比較的短期間のはずだったので、それもゼイネップのアメリカ行きの決心を容易にした。ご主人が博士号を取ったら、ただちにトルコに帰ることになっていたのだ。そして多分彼は、トルコで大学教授になっていただろう。しかしその予定を全く変えてしまうようなことが起こった。

次女が1歳になった頃、ゼイネップ夫婦は彼女がどこか普通と違うことに気付いた。次女はすでに歩いたり、言葉にならないことを喋ったりしていて、全く普通と変わりなかったのに、徐々に歩くことや喋ることが止まってしまい、身体の動きも鈍ってきたからだ。ゼイネップ夫妻は、次女を何人かの医者に見てもらった。始めは医者は、別に異常は認められないと言った。彼らは次女のどこが悪いのか、分からなかったのだ。原因を見つけられなかったのである。だが、ついにある医者が、次女は先天性脳性まひで、ビールスが中枢神経を損傷していると言った。そのせいで、歩行や言語に障害が出たというのだった。それを聞いた時、夫婦は、アメリカに最初の予定よりも長く滞在することに決めた。次女はＵＣＬＡや子供専門病院で、テストや手術を何回も受けた。足の整形手術やそのほか沢山の治療を受けた。

そういうわけで、夫婦はここ（ロスアンゼルス）に住まなくてはならなかった。というのは、ここが次女にとって暮らしやすいからだ。今では次女は医者も薬も必要なくなったのだが、ロスアンゼルスでは、車椅子に乗って一人でどこにでも行けるのだ。夫は、二つの大学から教職の口がかかったのだが、ロスアンゼルスが次女にとって便利なので、この街から離れたくないために、断った。辺鄙な田舎の大学町などに行ったら、次女がこれほどまでに、集団の中で目立たずに、一人で機動性を発揮できるかどうか疑問だったからである。

現在次女は、日常生活をおくる上で必要な作業の75パーセントは自分ひとりでこなせ、25パーセントを両親に依存している。家の中では、車椅子に乗らないで歩行器を使って歩いている。トイレにも一人で行けるし、サンドイッチも自分で作れる。友達にも会いに行けるし、バスに乗って映画にもショッピング・モールにも行ける。だから夫婦はロスアンゼルスに永住することにしたのである。

実はゼイネップ一家は、1986年から1988年までトルコにいったん帰国したことがある。長女が10歳の時だった。その頃からゼイネップは、アメリカのティーンエージャーたちの生活態度を見るにつけ、自分の娘たちはあんな風に育って欲しくないと思い始めた。アメリカでは、地域にもよるが、12歳くらいから化粧をして、デイトまでし始める。親が見ていないところで何をやっているか分からない。そんな環境に娘たちを置きたくなかった。それにご主人も、トルコで大学教授になるほうが、将来が安定している。そこで二人の娘、特に下の娘が、トルコにどのように適応するか、試しに連れ帰ってみたのである。娘たちは1歳になるやならずでアメリカに来ているから、トルコは初めて訪れるのも同然だった。

結果は散々だった。一家はトルコに一応落ち着いたが、すぐに、トルコには長く居られないということが分かった。というのは、次女にとって全く暮らしにくかったからである。道路も建物も、すべてが彼女にとっては不便に出来ていた。エレベーターのあるアパートのビルでさえ、入口に階段が二段ある始末である。トルコ人のメンタリティは、アメリカ人のそれとは全く違っていた。町中が年寄りにも不便に出来ていたからだ。

ゼイネップのトルコでの印象は、私にも興味深かった。というのはちょうどその頃、私も日本に帰ってしばらく暮らしたことがあった。ロスアンゼルスに住んでいたときは、街中に段差が少ないなどと思ったこともなかったが、それに慣れきっていたのだろうか、東京でホテルやお店に入ろうとする時など、街のいたるところに僅かな段差があって、よくつまづきそうになり、実際に何度かつまづいた。ある日、全く予想もしなかったことだが、広々と見渡す限り赤煉瓦を敷きつめた屋外広場に、全く同じ赤煉瓦の下り階段が、手すりも何の予告もなく突如現れて、よそ見をしていた私は段差に足をとられて足首を捻挫してしまった。1986年のことである。常人の私ですらこうなのだから、車椅子を押すゼイネップ夫婦が、トルコでどんな思いをしたか、容易に想像できた。

トルコでは、どこの学校にも階段がいたるところにあった。両親は、次女を車椅子でいったん校舎の入り口まで運び、そこから教室に入るような別の小型の車椅子に移さなければならなかった。この時次女はまだ小学生だったが、これが中学生、高校生になると、娘にとっては精神的にも厳しい環境だったろうとゼイネップは思う。従って、ゼイネップにとってアメリカが素晴らしいと思う唯一の点は、身障者が自由に動き回れる物理的環境が整っていることである。身障者の子供のいる彼女にとって重要なことは、ほかの人が重要だと思うこととは当然違っているからだ。

物理的環境だけではなくて、精神面でも、アメリカでは誰も次女を好奇の目で見たりしないし、本人も自分を哀れに思ったりしないですむ。トルコに滞在していたら、きっと次女は惨めな思いをしたに違いない。1988年といえば、アメリカですら身障者のための施設は数も足りなかったし、不完全だった。しかし今では、どんどん良くなっている。次女が行けない場所が、多分一ヵ所か二ヵ所だけあるが、それ以外は彼女は車椅子でどこへでも行けるのである。

トルコからロスアンゼルスに戻ってすぐに、ゼイネップは洋服をリフォームする店を開いた。店といっても、店員も受付もいない、彼女一人の職場だ。ドアを開ければ、そこが彼女の店兼仕事場なのである。ゼイネップはドレスも作れるが、ノーマほどの実績はない。始めのお客探しの時期が過ぎると、腕がいいのと、期日までにきちんと仕上げることから、口コミで彼女の店は流行り、今ではずっしりと分厚いお得意様名簿を抱え、仕事場に仮縫い室を二つも設置するまでになった。ハリウッドのあるロスアンゼルスのことだから、大小各種の美人コンテストもさかんで、出場者の着るドレスもゼイネップは直す。優勝者が微笑んでいる写真が2、3枚、壁に飾ってあった。これは、イブニング・ドレスなどを専門に売る高級ドレス・ショップと契約を結んだため、そこからお客が紹介されて来るからだった。

身障者がどこにでも自由に行けること以外に、ゼイネップがアメリカで好きなところはない。アメリカには、次女のために必要だから住んでいるだけ、と言っても過言ではない。だが彼女は、言下に「アメリカが嫌い」と言わないで、「アメリカは全く文化の違った国」だと主張する。「トルコでは、お互いに人のことを気にして面倒を見合うけれど、ここでは他人のことに首をつっこみたがりません。そうすることによって、他人も自分のことに首をつっこんでくるのを恐れているのです」とゼイネップは言った。

たとえば、ゼイネップ一家が車で出かけるとする。両親が車椅子を用意して、次女が車から降りるのを待っている。アメリカ人は見ぬふりをして通り過ぎる。よほどゼイネップらが困っている場合に限って、「お手伝いしましょうか？」と遠慮がちに声をかけるが、それ以外は知らんふりをしている。ところがトルコでは、通行人は立ち止まって、一部始終を見届けなければ気がすまない。そしてゼイネップらが困っていようがいまいが、手伝いを申し出る。アメリカに長らく住んだゼイネップには、それが時には「余計なお世話」と感じられることもないではないが、それがトルコ人の習性なのである。

それと対照的な経験を、ゼイネップはアメリカでした。２年前に、夫と次女が、半年ほどトルコに滞在したことがあった。現在一家が住んでいるこのサンタモニカの集合ビルには16軒入居しているが、半年の間、誰ひとりとして、「ご主人はどこかに行っているんですか？」などとゼイネップに訊いた人がいなかったのである。

「『娘さんが見えませんね？』とも、『ご主人の車はあるのに、彼に何か起こったんですか？』とも、『もしかして、ご主人お亡くなりになったのでは？』とも、『あなた離婚したんですか？』とも（笑い）、誰一人として訊かなかったんですよ。誰一人として！」とゼイネップは、眼を見張って驚きを強調した。

この例でゼイネップが言いたいのは、アメリカ人は、いざ本当に助けてもらいたいという時に、結局は冷たいということだった。もしトルコで同じようなことが起こったとしたら、それこそ大変な騒ぎだったろう。ドアをノックして、「どうしてるの?」「何か欲しい物ある?」などと訊いてきただろう。ゼイネップの母は、トルコで25軒入居しているアパート・ビルに住んでいるが、隣人たちが彼女に電話したり立ち寄ったりして、彼女の様子を絶えず聞く。その人たちは親戚でも何でもない、ただ近所の人というだけなのに。ここアメリカでは、ゼイネップが何か必要としていても、誰も関心が無い。それとも関わりたくないかなのだ。それがゼイネップには、いまだに理解できない。全く違った文化というほかはない。

「アメリカに一つの文化あり、トルコに別の文化あり、です」とゼイネップは笑った。これは、ラドヤード・キプリングが「東は東、西は西、ともに相交わることなし」とうたった有名な詩を思い起こさせる。

だがゼイネップは、「アメリカ人は冷たいから嫌い」とは言わない。ただアメリカ人との間には、越えられない一線があると言うだけである。「アメリカ人は冷たくはありません。親しげには振る舞いますよ。でも何か一線を引いているような…その向こう側には行けないんです。」これは文化が違うからで、人種や民族が違うからではないと彼女は言った。彼女の顔つきや、アクセントのある英語のせいではないと。「私は自分がトルコ人であることや、私の英語にアクセントがあることに、全く引け目は感じません」と彼女はきっぱりと言う。「でも文化が違うということは、ひしひしと感じます。たとえば私がトルコを訪問したら、私は母か兄の家に泊まります。狭いけれど、ホテルに泊まろうとは思いません。でもアメリカ人ならそうするでしょう。彼らの人間関係は、家族の間ですら私たちのとは違っているんですわ。」

彼らに対応するかのように、ゼイネップのほうでも自宅ではトルコ語だけを喋り、トルコ料理だけを作り、地域活動にも参加しないので、自宅の中に、いわば小さなトルコ領土を作り上げているようでもある。そしてアメリカ人との交流は、したいからではなく、日常生活の上で必要だから、いわば仕方なくやっているのである。

一方でゼイネップは、ヨーロッパに対して熱情的とも思えるほどの愛着を示した。「ヨーロッパはアジアと西洋の間にあって、両方の良いところを持っています。だから私はヨーロッパが好きなんです。トルコはヨーロッパみたいです。」たしかにトルコは、小アジアにあるが、地中海に面していて、アジアへの入り口であると同時に、ヨーロッパへの入り口でもある。ゼイネップが住んでいたイスタンブールは、ヨーロッパの影響が特に強い。だから彼女は、トルコのヨーロッパ的なところを愛しているのだ。

アメリカに来てのちに、彼女はご主人とパリやスペインやイタリアを訪れた。そしてここ10年ほどは、毎年2人の娘を連れて、2週間のヨーロッパ旅行を楽しんでいる。一家はすでに、イタリア、スペイン、オーストリア、チェコスロバキアのプラハ、ルーマニアなど、様々なところを訪れた。夫婦は元気な間に、特に次女に色々な所を見せることに決めたのだった。次女は人生を愛していて、見たいものが一杯あるのだそうだ。夫婦が年取ってしまうと、こういう旅行は出来なくなるので、今のうちに精一杯楽しむことにしたのである。

そしてこういう旅行においてこそ、娘たちが二つの文化を受け継いでいることが収穫となってあらわれる。彼女らは、英語とトルコ語の二ヵ国語を完璧に話す。それによって彼女らの物の見方も視野も広くなった。特にヨーロッパに行くと、トルコとの共通点も、アメリカとの共通点も見出して、ただの「外国人」が見たヨーロッパよりも身近に感じているようである。長女は大学を卒業して小学校の先生になった。つい最近、彼女は一年間の休暇をとって、トルコの学校に英語を教えに行った。ゼイネップはその支度と、娘が行ってしまったあとの寂しさとで、ちょっとの間動揺していたようだ。しかし娘が安全な地域にいることと、娘が好んで選んだ道だということで、今ではすっかり落ち着いている。

政治のことは話したくないと言ったにもかかわらず、結局ゼイネップはトルコの政治について私に説明することになった。自国を明確に弁護しておきたかったからだろう。「現在トルコの政権を握っているのはイスラム教徒ですが、政治と宗教は完全に分かれていますよ。トルコの正式の名前は、トルコ共和国ですからね。首相は信仰の厚い人で、奥さんもすっぽり体を黒い衣で覆っていますが、国民が政治と宗教を分けることを望んでいますから、そうしているんです。」

トルコ人の97・5パーセント（２００９年）が回教徒だが、トルコはイランやイラクとは違うとゼイネップは強調した。そしてトルコはアラブの国では「断じて」ないとも強調した。「ノウ、ノウ、ノウ。トルコの女性は黒い布で髪を覆ってなんかいませんよ。あれはイスラム教徒が新しく作った規則です。」トルコの女性は、髪を覆いたければ覆うこともできる。とくにイスタンブールにはアラブ諸国の人が沢山来ているから、髪を覆った女性を見かけることもあるだろう。だがトルコの女性は、髪を隠そうが隠すまいが自由なのである。

トルコは１９１８年に、第一次世界大戦で連合軍に敗れるまで、強大なオスマントルコ帝国の一部だったのだ。しかし勝った連合軍に、アナトリア半島の北半分と、イスタンブールが面している狭い海峡から成る小国にされてしまった。そして１９２３年に共和国の宣言をするまで、絶えずまわりから戦争がしかけられてきた。「トルコは誰彼となく戦争しましたよ。イギリスやギリシャやイタリアと…トルコは危ない場所にあるのでね」とゼイネップは笑った。

トルコの若い世代は西洋化しつつあるが、ゼイネップから見ると、もっぱら悪いところばかり真似ている。ファースト・フードや同棲や離婚のようなことばかり。ゼイネップはそういうことは嫌いである。トルコに行くと、昔の良いところを見たいと思うのだが、もうたまにしか見られない。音楽もマナーもすっかり変わってしまった。トルコに住んでいたら気がつかないのかも知れないが、外から帰ってみると変わってしまったことに気付く。老人を敬うこともなくなった。何もそうしなければならないというのではないが、ゼイネップは良い習慣だと思う。

例えばこの部屋に娘がいて、ゼイネップの父が入ってきたとすると、娘は祖父に尊敬の念を表す意味で、席を立って迎える。娘はそうしなければならないわけではないが、それが良いマナーなのである。ゼイネップはこういうことはトルコの良い伝統で、守ってゆくべきだと信じている。もっともトルコは近代国家で、レディ・ファーストのルールもかなりゆき渡っている。「他の回教徒国では、『レディ・ファーストのルールなんて、とんでもない』と言うでしょうね」と笑いながら言ったゼイネップは、またしても、トルコは他の回教徒国とは違う、進歩的で近代的な国なのだと強調しているようだった。

ゼイネップは明らかに、トルコの文化と暖かい人間関係をこよなく愛している。ただ一つ、「イスタンブールの混雑ぶり」を除いては。「それはひどいものですよ。イスタンブールはヨーロッパとアジアの接点なので、いたるところから人々がやってきますのでね。まるで押しくらまんじゅうですよ。肩と肩がぶつかりあって。あんなのは私は嫌いです」とゼイネップは顔をしかめて、「私はヨーロッパの田舎にあるような、小さな町が好きなんです」と今度はうっとりとした顔になった。そう言いながら、彼女はロスアンゼルスのような大都会に住んでいる。実際、私が今までインタビューした女性の内、2人以外は全員が祖国の首都からアメリカに来ていた。残る2人も、その地方での首都から来ていた。

アメリカに来てゼイネップが一番苦労したのは、やはり英語だった。高校で少し英語を習ったが、大学は洋裁とデザイン専攻だったため、英語はほとんど習わなかった。たしかに彼女の英語は流暢とは言えない。とつとつと一生懸命に答えてくれているが、言葉を捜しているのがよく分かる。だからアメリカに来てからは、いつもご主人に、世の中の出来事などについて聞いていた。

ゼイネップは、次女のハンディキャップが一番辛かったことだとは言わなかった。多分それがゼイネップの人生とすっかり重なってしまっているからだろう。しかし彼女は、それは次女の性格が良いからだと言った。次女は決して不平をもらさない子なのである。「どうして私は歩けないの？」とも訊かないし、何回も手術をしたが、そのこと以外は精神的にはいたって健全なのだ。彼女は自分の身体のことで大げさに騒ぎたてるようなことは、決してしないし、人生を愛している。次女のおおらかな性格は、両親の愛情に満ちた世話によるところが大きいようだ。ゼイネップはそれを否定しなかった。夫は良い父親だし、夫婦は喧嘩をしたりしないから、そういうことは次女にとって良かっただろうと思っている。

娘たちはロスアンゼルスにいることを喜んでいる。彼女らは良い教育を受けたし、自由や、トルコでは味わえない多様な娯楽を享受している。ゼイネップの一家は全員がアメリカ国民である。しかしトルコとの二重国籍を持っているのかどうか、ゼイネップは知らなかった。その上、長女がアメリカ国民としてトルコで働いているのか、それともトルコ国民としてなのかも知らなかった。こういうことはすべて、ご主人にまかせているようだった。

ゼイネップはアメリカ国民だが、最終的にはトルコに戻るのだろうかということに、私は関心があった。移民女性の最終的な永住の地は、その子供がどこに住み着くかによって決まるという傾向が、これまでのインタビューに現れているからである。ゼイネップの長女はもう27歳だし、ハッとするような美女なので、トルコで未来の夫を見つける可能性は大いにある。そして母親のように、育ちの良いトルコ女性の常として、夫の希望に従ってトルコに住むということも大いにありうる。ゼイネップはこの筋書きを否定しなかった。これは私の推測なのだが、母親がこれほどまでにアメリカを「トルコとは何もかも違った文化」と思い、「アメリカ人とは一線を越えられない」と信じていれば、娘がアメリカ人を恋人に持つのはむずかしい。また長女は、トルコ人である父親をとても尊敬している。それで彼女はトルコに、自分の伴侶を含めて将来の可能性を探しに行ったのではないだろうか。

最終的にどこに住むか分からないということが、この働き者でしっかり者のゼイネップの、唯一の不確定要因だった。実はそのために、彼女はインタビューを受ける用意が出来ていないと始めは断ったくらいだ。しかしそのためにこそ、私は彼女にインタビューをする必要があった。彼女のように不安定な状態に置かれている移民女性が大勢いるに違いないと思ったからだ。ゼイネップもそれを理解した時、こころよくインタビューに応じてくれた。

「私たちは、結局はトルコに住むかもしれません。このことだけがはっきりしていないことで…今現在、何とも言えません。いずれ考えが変わるかもしれないけれど、アメリカの年寄りたちを見ると、ここで年を取りたいとは思いません。老人ホームに入って、誰かが訪ねて来るのを待っていたくはありません。まあ、どうなりますか。健康である限り、私たちは旅行をします。そして年を取ったら、（トルコとアメリカと）どっちがいいか決めますわ。」

ゼイネップ夫妻の最終的な永住の地は、長女がどこに住むかよりは、次女がどこに住みたいかに懸かっているようだ。「もし次女がアメリカに居たいと言うなら、多分私たちもここに居るでしょう。もし彼女がトルコに住みたいと言えば、私たちもトルコに行くことになるでしょう。でもアメリカに居れば、彼女はどこにでも自由に行けるし、何でも好きなことが出来ますから、どうやら私たちもアメリカに居ることになりそうです。でも次女がアメリカに永住することに決めたら、彼女にはいずれ姉一人しか居なくなります。トルコだったら、大勢親戚が居ます。」というわけで、ゼイネップ一家の最終的な落ち着き先は、ひとえに二人の娘が将来どこに住みたいかに懸かっている。

最後にゼイネップは、もし生まれ変わっても、違った生き方をしようとは思わないといった。「ただ一つ…わたしの手ではどうにもならないことですけれど、次女の状態が違ったかもしれないとは考えます。それだけです。それ以外は違った人生を望みませんわ。」

第7章　エルス――栄養学者（オランダ）

（エルスは20歳でアメリカに移住した。結婚していて、子供はいない。）

エルスは、笑顔の優しいほっそりした女性で、竹久夢二が西洋人を描いたら、彼女のようになるのでは、と思わせる。亜麻色のウェーブのある髪が、細面の顔を柔らかく縁取り、少女のような雰囲気をかもし出している。このインタビューは、海岸と空港に近いマリナ・デル・レイの彼女のアパートで行われた。この日は11月11日で、時間もぴったり午前11時。駐車場まで出迎えてくれた彼女は、私を見るなり、「こんなふうに同じ数字が並んでいるのは、私たちの出会いが幸運だってことですよ」とニッコリした。この言葉と、彼女のチャーミングな微笑が、初対面の私にいくらか残っていた遠慮を取り去ってくれた。私は歓迎されているような気がして、たちまちくつろいだ気分になった。

エルスは私をアパートのベランダに招いてくれた。2匹の猫が私たちの後を追う。ベランダのレールにそって作られた、蔦のからまる目隠しの垣を指差しながら、エルスは「プライバシーは私にとって、とても大切なんです」と言った。ベランダには色とりどりの花が咲き乱れている。「花は私も大好きですよ」と私が言うと、「本当に花が好きなら、ぜひともオランダに行かなくちゃいけませんわ」と彼女は微笑んで言った。エルスの祖国オランダは、チューリップを始めとする花の栽培で有名だ。

インタビューの前日、エルスが私に電話をかけてきてこう言った。「実は私がアメリカに来たのは、2つの平凡な理由からなんです。ひとつは、祖国オランダが私には寒すぎたから。もうひとつは、結婚したいと思った人が、たまたまアメリカ人だったからなんです。」だから自分の人生には、とりたててユニークなところはないかもしれない、とエルスは謙遜したのだ。しかし、それぞれの国の女性に、ユニークな人生ドラマがあると私は信じていた。果たしてエルスの場合もそうだった。

エルスは、オランダの首都アムステルダムから北西に20キロメートル離れた所にあるナーデンという町に生まれ育った。オランダの正式の国名は「ネザーランド（the Netherlands)」で、「より低い土地」という意味である。ライン河をはじめとする3つの河川の河口に位置するオランダは、その名のとおり、国土の40パーセントが海面より低いという低地にある。とくに西部は、13世紀頃までは海だったのを、次第に埋め立てて、砂丘や堤防で防御しているのである。

そのオランダは、北オランダと南オランダから成り立っており、エルスが育った北オランダは北海に面しているので、冬になると、雪や氷はそれほどでもないのだが、北海から吹き付けてくる冷たい風が、気温を氷点下に下げてしまう。とにかく低地にある平べったい国だから、冷たい湿った北風は、国中のいたるところを吹きたいだけ吹きまくる。気温は、冬はせいぜい摂氏零下5度位まで下がるだけだが、北風のせいで、零下15度くらいに感じられる。だからエルスはいつも、もっと暖かい国に住みたいものだと思っていた。たしかに、エルスのようなほっそりとした人には、湿った北風は骨身に滲みたに違いない。とかく言う私も、カナダから五大湖を渡って吹いてくる北風と、豪雪のもたらす寒さに音をあげて、ミシガン大学からカリフォルニア大学に転校した口だから、エルスの言葉は他人事とは思われず理解できた。

エルスはアメリカに来る前は、義兄の会社の秘書をしていた。義兄は、手術用具や歯列矯正用器具などの医療機器の販売会社を経営していた。身内が経営する会社に勤めている気安さから、旅行好きの彼女はよく外国旅行に出かけた。アメリカのワシントン行政区に一年間、ドイツに9ヵ月間という長逗留もした。「私がドイツを9ヵ月で引き上げた理由は、両親が私の誕生日に、自宅で誕生ケーキを食べさせたがったからですよ」とエルスは茶目っ気たっぷりに笑った。家族の誕生日というと、エルスの家では、まるでイエス・キリストが復活したかのように、大騒ぎで祝うのが習慣だった。エルスの今は亡き母は、ドイツ人だったので、彼女の家にはドイツの素敵な習慣が沢山引き継がれていた。誕生日のお祝いもその一つだった。生粋のオランダ人は、どちらかと言うとクールな性格で、ドイツ人ほどは誕生日を大騒ぎをして祝わないそうだ。

エルスは、生まれ故郷であるナーデンの町の生い立ちについて語ってくれた。オランダ在住の友人が、ぜひこれを私に話すようにと言ったのだそうだ。

「まず始めに教会ができたんです。そのまわりにレストランが出来ました。さらに、そのまわりに家が建て込んできました。そのすべてを砦で囲んで、さらに、その周囲に堀のように水を引いて、ナポレオンが攻め落とそうとやって来た時に、攻めにくくしました。オランダの町は、みんなこのようにして出来たのです。全部の町が水で囲まれているわけではないけれど、私の町はそうでした。そして今でも水で囲まれた町が沢山あります。」グーグル・マップで「ナーデン」を探すと、たしかに今でも砦と水で囲まれた美しい町だった。

「それからお店が出来はじめたんですが、お店は普通の家の中で始まったんですよ。つまり、普通の家が色々なものを作りだして、それを行商しはじめたんです。だから私たちがお店に行くのではなく、お店が私たちの家に来たんです。自転車に荷車をつけたようなものに、それぞれに魚やミルクやシュトルードル（注：果物やチーズをパイ生地に巻いて焼いたお菓子）を積んで、ドアからドアへと売りにきたのです。そうそう、パン屋は焼きたてのパンを積んでね。こうやって私たちは食品を手にいれたんですよ。

「それから世の中が進歩しましてね（笑い）、彼らは自動車を運転してやって来るようになりました。そしてついに、『オーケー、もう私からは行くのはやめた、あんたたちが私の店に来なさい』ということになったんです。私が小さい頃は、まだ彼らは小型トラックにミルクやチーズを積んで来ていましたよ。もうすでに、小さなスーパーマーケットが出来ていましたけどね。そして今でも覚えていますが、私が12歳の頃、ジプシーの一団がやってきて、はさみや包丁を研いで行きましたよ。それから別のジプシーが、荷車にオルガンを載せてやってきて、小銭稼ぎに家の戸口でオルガンを弾いていましたっけ。」

故郷ナーデンの、まどろむような牧歌的な雰囲気が伝わってくるようだ。だが、その雰囲気とは裏腹に、エルスはかなり進歩的な家庭に育った。エルスの父は、繊維業界の実業家だったので、色々な国から沢山の人が彼女の家を訪れた。そしてエルス達が子供の頃、両親は子供たちを、ヨーロッパのあちこちの国に連れて行ってくれた。スイスや、ドイツや、ルクセンブルグのお城に連れて行ってくれて、お城の中のレストランで食事をしたり泊ったりした。父が車を持っていたのは幸いだった。というのは、当時車を持っている人は少なかったからだ。だからエルスたちは、お陰でいろいろな経験をさせてもらった。母もまた、心の開けた人だった。エルスたちは早くから、新聞や雑誌を読まされた。「トンネルのような狭い視野を持ってはだめよ」と、母はよくエルスたちに言ってきかせたものだった。

小国がひしめきあっている北ヨーロッパでは、さぞかし人種や民族の混合が起こっていると思い勝ちだが、今でこそ人種混合が増えてきたものの、少なくともエルスの少女時代には、それはあまり起こらなかった。第二次大戦後、大勢の人がドイツ人に良い印象を持っていなくて（ナチス・ドイツがユダヤ人の大量虐殺を行ったので）「ミスター・ドイツとはまじわりたくなかったんですよ」と彼女は笑った。（注・オランダは、国境の大部分が東側のドイツに接している。残りの国境は、南側のベルギーに接している。）イギリス人もオランダ人も、みなそれぞれに自国人の徒党を組んでいるという感じだった。車を持っている人もあまり多くはなかったので、旅行の手段もさほどなかったせいもある。だから交わろうにもあまり交われなかったというのが実情かもしれない。

それぞれの国や民族が独自性を保っていたようだが、こと言語に関しては、自由な交換が行われていた。エルスの祖国オランダでは、子供たちは小学校4年生からフランス語を習わなければならなかった。そしてドイツ語と英語は高校の必修科目だった。さらに希望者はスペイン語も学習できた。オランダの公用語はオランダ語である。だから平均的オランダ人は、高校を卒業する頃には4ヵ国語をあやつることが出来たわけで、語学の不得手な日本人には、まことに羨ましい話だ。大体ヨーロッパ人は、数ヵ国喋れるのが当たり前とされている。それは、語源を共有しているとか、隣の国に自転車で行けるような、地理的な理由によるところが大きいかもしれない。数年前イタリアに行った時、イタリア語の全く出来ない私が、ホテルでイタリア人のメイドに片言のフランス語で用を頼んだら、ちゃんと分かってくれたのには尊敬の念を抱いてしまった。

オランダ語はドイツ語に文法が似ており、したがって、ドイツ語と源を共有する英語にそこのところは似ているわけだが、「あとは全く違う」とエルスは言った。だからアメリカに来てから、エルスはあらためて英語を勉強する必要を感じた。彼女の英語は分かりにくいと人に言われたのだ。その上イギリス英語のアクセントがあると言われた。そこで、英語を上達させる目的もあって、ビジネスの授業をいくつかとった。たしかにエルスの英語は、とても流暢なのだが、表現やアクセントがやや異なっていて、このインタビューのテープを聞き取る際にも、時々「エッ？」と思うことがあった。

エルスが将来の夫に出会ったのは、オランダの両親の家で開かれたパーティにおいてだった。彼はアメリカ人で、その当時、短期間ドイツに出張していたのだ。エルスも彼女の家族も、彼のことを全く知らなかった。彼は、エルスの家族の友人に連れられて来ただけだったのだ。「だから私たちの出会いは、運命だったとしか言いようがありません」とエルスは言った。２人は、たった３週間、それも週末に会っただけだった。それから彼は、アメリカに帰ってしまった。その3ヵ月後に、エルスは学生ビザを取って、単身アメリカにやって来た。8月の末だった。そして12月の終わりに2人は結婚した。1969年のことだ。

だが、エルスのアメリカ行きの決断は容易ではなかった。というのは、エルスは彼と結婚の約束を交わしていたわけではなく、むしろ、彼との関係が果たしてものになるのかどうか、行って確かめなければならなかったからだ。彼女を支援してくれたのは、母だった。母はこう言った。「私がどんなにあなたを愛しているか分かってるでしょう。これはあなたの将来のことよ。もし彼があなたを本当に幸せにしてくれると思うなら、私のことは考えないでね。私はいずれ貴女より先に行ってしまうのだから、あなたは自身の将来を考えなくてはだめよ」と。それからエルスが結婚してから、母は電話で娘にこう言った。「あなたが初めてオランダに帰ってくる時は、一人で帰ってはだめよ。かならずご主人と一緒に帰っていらっしゃい」と。というのは、母はエルスがひどくホームシックに罹っているのを知っており、娘が夫を放り出して帰って来て、そのままアメリカに戻らなくなることを心配していたのだった。だから、「ホームシックを克服することを学ばなければだめよ。あなたのためにお祈りをしているわ」と言った。こんなお母さんを持っていたら、誰でもホームシックになるかもしれない。

エルスは以前、アメリカのワシントン行政区に居たことがあるので、ホームシックに罹ったのは、まんざら外国にいるせいだけでもなかった。この辺の事情を、エルスは次のように説明した。エルスの夫は家族仲の悪い家庭の出だった。エルスの義母は、初対面のその日からエルスのことを嫌い、絶えずエルス夫婦の間に割って入ろうとした。母国ではエルスは、両親や兄や姉ととても仲むつまじかったのに、あのような心のやすらぎや家族の支えが、アメリカに来て以来全く経験出来なかった。だからエルスはすごくホームシックになってしまったのだ。

子供の時からエルスは、なにか治療に関係した職業につきたいと思っていた。彼女は子供のくせに、近所の人の指にトゲがささると、それを消毒したりしていた。彼女には生まれつきこういう傾向があったようだった。誰に言われるでもなく、こういうことをやりたかった。彼女のこういう性格と、義兄の医療機器販売の商売とは全く関係ない。実はエルスは子供の頃、歯医者ですごく怖く思ったことがある。何をされるのか、不安でたまらなかったのだ。それ以来彼女は、歯科医の助手になって、患者に治療手順を説明してあげて、患者の不安を取り除いてあげたいと思うようになった。そこでロスアンゼルスに来てから学校に通い、歯科医助手の免許を取った。そして歯科医院で5年間働いた。

その後は医大に通った。医療助手の資格を得るためだった。「私が人生でやりたいことは、人を助けることなんです」とエルス。たとえば患者が、ものものしい医療機器に取り囲まれて、しかも誰一人として笑顔を向けてくれる人もおらず、自分は一体どうなるんだろうと不安に駆られているような時、エルスは患者に状況を説明して、不安を取り除いてあげたいと思ったのだ。そうして彼女は医療助手の資格も取り、別の医師のもとで更に5年間働いた。

だがやがてエルスは、医療助手の仕事がいやになってきた。患者に注射することや、微量とはいえ放射線を体内に送りこむレントゲン撮影をすることや、ステロイドなどの薬を与えることがいやになってきた。そのような、生体に荒々しく侵入するような治療法が耐えられなくなってきたのだった。それを夫に言ったら、「じゃ、よしなさい。気の進まないことをやる必要はない」と、彼はあっさり言ってくれた。

1986年にエルス夫妻はコロラドに移転した。そこに夫が職を得たからだ。エルスはアメリカに来て以来、常に何かしらの学校に通って学び続けたが、ずっと栄養学に関心があって、その勉強も独自に続けていた。やがて、その専門家になろうと考え始めた。だが実は、彼女が一番なりたかったのは、ホメオパシー（類似療法）の医学博士だった。ホメオパシーとは、身体に生まれながらに備わっている免疫力や、自然な回復力を緩やかに助長しながら治療する療法である。漢方薬の西洋版と言えるかもしれない。これは、身体を一時的に弱らせても病の根を一気に断ち切ろうとする抗生物質などとは、根本的に思想が違っている。エルスは2度か3度試験を受けようとしたのだが、その都度体調が悪かったり、準備不足だったりと、何かしら障害が起こって受けられなかった。ついにエルスは、

「これは私には出来ないことだ。謙虚になりなさい」と自分に言い聞かせて、医学博士をあきらめて、栄養学士になることにした。彼女の学位は、ホメオパシーで最も権威がある、英国ホメオパシー学会からもらった。通信教育でやれたので、とても助かった。仕事を終えたのちに、自分の都合のつく時間に勉強でき、準備万端整ったと思った時点で試験を受けることができたからである。

エルス夫妻は1998年にコロラドからロスアンゼルスに戻った。以来エルスは、ホメオパシーの医薬品を専門に扱っている有名な薬局で、栄養学とホメオパシーの専門家として働き、患者に食事や薬や栄養補助食品についてカウンセリングを行っている。現在の職場に就くに至ったいきさつを、エルスはクスッと笑いながら語った。「ある日、私は道に迷ってしまったんですよ。ロスアンゼルスも久しぶりでしたのでね。北に行く代わりに南に行ってしまったのか、その逆だったのか。とにかくこの薬局が目についたんです。雨が降っていましたわ。で、私は自分に言ったんです。『もしこの薬局のまん前に駐車できたら、入って行って、雇ってもらえるか聞いてみよう。もし駐車できなかったら、よそう』って。ところが薬局のまん前に駐車出来ちゃったじゃありませんか。私は店に入って行って、その30分後にはもう雇われていましたわ。ご承知のように、あの店の前はいつも車で混んでいて、なかなか駐車出来ないでしょう。これも運命だったんですね。ここで働きはじめても5年になりますわ。」

エルスは「運命」という言葉をよく使うが、ふとした出会いに人生の歩調を合わせるエルスのやり方は、自然療法のホメオパシーの思想と奇妙に相容れ合うのである。

オランダは、風車やチューリップ以外は、その内情をあまり日本に知られていないが、民主主義を掲げる先進国のひとつで、世界110ヵ国の繁栄度を色々な尺度で測った調査でも、「生活水準への満足度」と「適切な食事と住居」の面では世界第3位だった(15)。総合点でもアメリカより上だった。女性の地位が低いわけでもなく、たしかに「寒さ」以外にエルスが祖国を去る理由は全くなかっただろう。オランダ政府はれっきとした民主主義政府だが、アメリカでは、「社会主義国だ」などと言う人もいる。現在、貧しいトルコ移民が大勢入り込んできて、それを政府が援助したりしているからかもしれない。人道的なことをすると、すぐに「社会主義」と言う人がいるものだ。オランダは小国なのに、政党の数が無数にある。「全くあきれるほどです!」とエルスは声を高くした。宗教の宗派が無数にあるのと同じである。これも個人主義が徹底していて、各人の好みが、政党や宗派に充分反映される お国柄だからだろうか。

そして裁判は、一人の判事が判決を言い渡すのであって、アメリカのように12人の陪審員が決めるのではない。これは日本と同じだったが、日本は陪審員制を採用することになった。但し日本では、判事の影響はアメリカの陪審員制より強いらしい。裁判の話がでたのは、このインタビューをしていた頃に、アメリカで、スコット・ピーターソンという若い男が、臨月に近い美人妻を殺した罪状で逮捕され、その裁判が国をあげて話題になっていたからだ。そこでついでにアメリカの陪審員制度をどう思うかと訊いたら、エルスはしばらくクスクスと笑い続けてから、「全く政治と同じです」と皮肉な口調で言った。彼女の言おうとすることは、アメリカに住んでいる者だったら誰でも分かる。つまり状況証拠が圧倒的にピーターソンの有罪を示唆していたにもかかわらず、かの有名な元フットボール選手、O・J・シンプソンのように、陪審員が無罪にしてしまうのではないかと恐れられていたからだ。またこの時大統領選が終わったばかりで、イラク戦争の仕掛人として特にヨーロッパで不人気なブッシュ氏が、識者やメディアの予想を裏切って再選されてしまった。イギリスのデイリーミラー紙は、ブッシュ氏に投票したアメリカ人の数を正確にあげて、「どうして5905万4087人もの人が、こんなに愚かなのか？」というどでかい見出しを掲げたくらいだ。だからエルスはヨーロッパ人の大多数の人のように、アメリカの裁判のやり方や政治をちょっとばかり嘲笑したのである。エルスは言う、「素人の陪審員たちと違って、判事は法律を勉強しています。だから判事は、陪審員のように弁護団の弁舌にまるめこまれることがありません。私が裁判にかけられるとしたら、オランダや日本の裁判所で判事に裁いて貰いたいものです。だってアメリカの裁判はあてにならないから怖い。」そう言ってエルスはまた笑った。

だがオランダにも、エルスが気にいらないところはある。それは政府がさまざまな制約を国民に課することである。エルスの見るところ、アメリカはオランダよりもずっと機会が多い国である。例えばアメリカでは誰でもビジネスを始めることが出来るが、オランダにはいろいろ制約があって、例えばある程度学歴がないと、ビジネスの許可が下りない。アメリカでは学歴が無くてもビジネスをはじめられる。これは正しいとエルスは思う。勉強が苦手な人でも、ビジネスのうまい人は沢山いるからである。オランダにはある程度の学歴を必要とする法律すらある。

またオランダには、個人の好みを制約する法律もある。アメリカでは、その気になれば自分の家を紫色に塗ってもかまわない。近所の人が文句を言うかもしれないが、紫色に塗ってはいけないという法律があるわけではない。事実、紫色の家を見たことがある。しかしオランダではそんなことをしたら、ただちに市役所から役人が自宅に押しかけてきて、塗り替えを命令する。勧告でなく、命令である。エルスの母はとても芸術的センスがある人で、洒落た小窓を自宅に作りたかったのだが、法律では許されなかった。家はみな、形や色が制限されていたからだった。だが、さいわい母は市役所に知人がいて、なんとか目こぼしをしてもらったようだった。

エルスがアメリカで嫌いなのは、人々が「冷たい」ということだ。アメリカでは真の友情は、なかなか得られないというのがエルスの実感である。知人は沢山持てる。そしてアメリカでは誰もが、「あなたは私の友達」と言う。だが彼らが言う友達と、真の友達との間には大きなギャップがあるとエルスは思う。現在ロスアンゼルスのような大都市に住んでいるので、そう感じるのだろうか。たしかにコロラドに住んでいた時は、ロスアンゼルスとは違っていた。しかし真の友達が出来たという意味でではない。エルスが居たのはコロラドでも山岳地帯で、そこに住んでいる人たちは、彼女の英語さえ分からなかったからである。

アメリカで暖かい人間関係を作り上げることの難しさを指摘したのは、エルスばかりではない。だが白人の彼女からそれを聞くほうが、非白人から聞くより興味深い。というのは彼女の場合、外見では差別されないので、人種差別が理由ではないからだ。「アメリカ人が冷たい」という印象をエルスが受ける理由は何だろう。「アメリカ人というのは、自分のことで頭がいっぱいの人たちだと思うんです。だから人のことなんて、かまっていられないんです。だけどそれがアメリカなんです。自分の生活を良くしたいと思った人たちがやってきて、築いた国ですからね。だからアメリカ人は、もっと自分の生活を向上できるものを常に追い求めていて、多忙きわまりないんですよ。それで他の国民に比べて、冷たいということでしょうね。」正鵠を得た答えだと思う。

母が亡くなった1996年までは、エルスは毎年祖国を訪れていたが、その後は姉がアメリカをしばしば訪れるようになった。というのは姉の夫も亡くなった上に、彼女の3人の子供のうち、2人までがハワイ州に嫁いでおり、残る一人もコロラド州で結婚しているからだ。姉は1月に、またアメリカに来ることになっている。昨日も30分ほど姉と電話で話したばかりだ。だから姉妹は今でもとても仲がいい。それにエルス夫妻は、姉の子供たちにとって、単なる叔父や叔母ではない。「私たちは、まさしく一つの家族なんですよ」とエルスは言った。

エルスによると、家族が親密なのはドイツの伝統で、オランダの伝統ではない。オランダ人はむしろ、北方民族特有のクールな性格なのだ。エルスの家の家風は、やはりドイツ人であった母の母から始まった。その夫、つまりエルスの祖父は、若い女と駆け落ちしてしまった。(「当時としてはホントひどい話です」とエルスは口をとがらせた。)祖母は5人の子供と共に取り残されてしまい、お金もなかった。しかし祖母は教育や文化に熱心な人だったので、子供達をはげまして、子供の幾人かは大学まで行かせた。お金がなかったので、家族仲良く助け合うようになった。それしかなかったわけである。しかしそれが家族の財産となり、家族を強力に結びつけた。エルスは、そういう家風の家に生まれたのだ。彼女は10年前に亡くなった母を、今も慕ってやまない。「今日私が一番言いたいのは、私は本当に母を愛していたということなんです」と言って、彼女は涙ぐんでしまった。

母は生前、子供だったエルスたちに、「今持っているものに感謝しなさい。いつか失うかもしれないから」とよく言っていた。エルスたちが、もうサンタクロースなど信じない年齢になってからも、クリスマスには、母は使用人と一緒に、プレゼントを施設などに届けていた。それも新しい、誰も袖を通したことのないような洋服とか、素敵なおもちゃなどだった。母は、「他人の粗末な古着を着るとどんな気持がするか分かるから、私は粗末な古着をあげたくはない。貴方たちも私と同じようにしてほしい」と言っていた。だからエルスも、貧しいメキシコ人とか、虐待された女性のための施設とか、教会とかにいろいろな物を寄贈するが、必ずちゃんとした物を贈るようにしている。エルス夫妻がコロラドから引っ越す時は、コンピューターや洗濯機まで寄贈した。ほとんどの人はこういう物を売るものだが、こういうものを必要としながらお金が無い人が沢山いるので、寄贈したほうが世のためだと思って、エルスは夫を説得して、そのようにはからった。

エルスは母から、人生の奥深さについて学んだことを感謝している。母はいつも、「貴女がしてもらいたいように、人にもしてあげなさい」と言っていた。エルスたち子供が人の悪口を言っていると、母はそっと、「あなたたちは自分が完璧な人間だと思っているの？」と訊いた。「子供の頃聞いたことは、脳の奥にしまいこまれて、大人になってから私たちに語りかけてくるんだと思います」とエルスは、昔母から聞いたことを、今なぞっている風だった。

エルスの祖国の人たちが変わってしまったのは、模範となるような良いお手本がもはや存在しないからだとエルスは思う。エルスが育ったときのような躾などというものは無くなってしまった。「躾」という字は、文字通り「身（のふるまい）を美しく」と書くが、「私世代」に世代が交代したとたんに、自己中心の親は子供に躾をすることを忘れてしまった。他人の家でも子供に何でも触らせるし、レストランや列車などの公共の場で、子供が金切り声をあげて走り回っても知らん顔をしている。エルスによると、この傾向は世界的だ。子供らは若者となって、不潔な言葉を使い、そういう不潔な言葉を使っているという自覚すらないようだ。エルスが「お早う」と言うのと同じ感覚で、そういう言葉を口にしているように見える。エルスが古風なのかもしれないが、若い人たちは〝一触即発〟というか、爆薬みたいに見える。

食べ物にも責任がある。手軽なインスタント食品ばかり増えており、毎日、化学製品を食べているようなものだからである。生鮮なはずの肉とか果物も、ホルモン入りの飼料が与えられ、ワックスがしっかりかかっている。それらの結果、脳も心もどんどん健全さを失っている。そして問題のある人はたちまち、〝注意力欠損障害〟とか〝適応障害〟などというレッテルを貼られて、クスリ漬けにされてしまう。だからその人たちの本当の美しさが出てくる時間も与えられずじまいである。すべて押さえ込んで、ただ蓋さえしておけばいいという考えなのだとエルスは慨嘆する。

エルスは祖国を慕うよりも、むしろ自分の家族を慕う気持ちのほうが強い。祖国自体は彼女にとって大して意味はない。彼女がオランダ人で、それは彼女のルーツというにすぎない。しかしエルスは自国の文化には深い愛着を持っている。「自国の文化は私たちのＤＮＡに組み込まれていますから」と彼女は言った。文化がＤＮＡ（遺伝子）に組み込まれているという表現は、私は始めて聞いたが、いかにも彼女らしい表現だ。たしかに生まれた赤ん坊を一人で寝かせる西洋の文化と、添い寝をする日本の文化が、2人の赤ん坊の将来の独立心に影響を与えることを見ても、遺伝によると思われている人間の性格が、多分に文化の産物であることが分かる。エルスは自分のＤＮＡに組み込まれているオランダ文化を認めた上で、なおかつアメリカに溶け込もうとしていると主張した。彼女は天秤座なので、両国の美しいところを取り入れて、何事もバランスをとるよう心がけている。アメリカに溶け込み、すべてが素敵でスムーズにいくよう勤めること、これがエルスの人生哲学なのである。

その証拠というわけでもないだろうが、エルスは、在米オランダ人が作った組織である「オランダ・クラブ」に行ったことがない。自国の人ばかりとつきあわないで、アメリカの人たちに溶け込みたいからである。カリフォルニアにもオランダ・クラブがあることをエルスが知ったのは、30年も前のことである。「でも今はどうなっていることやら。オランダ人は独自に行動するのが好きな国民だから」とエルスは笑った。それに、エルス夫妻の友達はヨーロッパ人が多く、その配偶者は殆どアメリカ人なので、エルス夫妻のグループは純粋にオランダ人ではないのである。ではエルスのご主人がオランダ人だったら、彼女はオランダ・クラブに行くかというと、「いいえ、私たちオランダ人は、そんなことはしません」という返事が返ってきた。30年前にも、オランダ・クラブに所属しているのはごく少数の人だった。「だから今でもあるかどうか分からないって言ったんです」とエルスはまた笑った。なんとも、とぼけたような話である。「戦争とかが起こった時だけ、オランダ人は結束します。ドイツ人は、フランス人みたいに結束がもっと強いですけどね。」

ここで私は、アルゼンチン人のノーマの言葉を思い出した。「移民は、移住した国の同国人を嫌う」という言葉だ。そこから私は移民の結束の強さと、移民パワーとの相関関係に思い当たったのだった。たしかに結束の強いドイツ人やフランス人の方が、オランダ人よりはアメリカでの移民パワーは強いと言わねばならない。逆に、オランダ人の「一人歩き」の性格のために、彼らはアメリカによく溶け込んでいて、オランダ人の移民がいることすら、一般人は気づかぬほどだ。

移民が結束しすぎて母国の文化をふりまわしたり、移民パワーを発揮しすぎても、移民した国のひんしゅくを買うことがある。何年か前にロスアンゼルスで、黒人を差別して雇わなかったという理由で、黒人が韓国人の店を軒並み焼き討ちにしたことがあった。それに対抗してか、2万人もの韓国人が抗議デモを繰り広げたが、アメリカ国民の同情を買わなかった。「どっちもどっち」と思われてしまったようだ。アメリカにおける人種差別は、肌の色の違いのせいもあるだろうが、文化の違いや言葉の訛りからくる違和感のせいも大きいと思う。オランダ人も含めたヨーロッパ人がアメリカ人に受け入れられ易いのは、肌の色も同じだから「気にならない」上に、個人主義的な、他人のことに介入しない性格が、アメリカ人に違和感を起こさせないからなのだ。また、4ヵ国語を平気で話すヨーロッパ人は、英語も流暢だから会話をしても流れが良い。人間は理性の動物であると同時に、感性の動物でもあるから、自分と同じような者には違和感も少ないわけで、こういうことは理性以前の問題なのだ。それだけにアメリカにおける人種問題の解決は難しい。完全な解決は、皮膚の色を同じにするだけでなく、文化や言語も同じにしなければならないからである。今のところは「違っていることを理性で容認する」という段階にとどまっている。

エルスはロスアンゼルスの気候が大変気に入っているが、もし経済が許すなら、甥と姪が住むハワイ州のコナ島に移住したいと思っている。「いずれ天地万有がどこに行ったらいいか教えてくれるでしょう」とエルスはまたしても、「運命」の手引きに歩調を合わせるつもりのようだ。

そしてエルスは「すべてが終わった時」、つまりご主人が亡くなった時は、自分は母国に帰るだろうと思っている。彼女はアメリカの永住権を持っているが、市民権は取得していない。オランダは二重国籍を許さないので、彼女はアメリカの市民権を取ることで、オランダ国籍を失いたくないのだ。「私たち夫婦には子供がいません。だから私がオランダに戻るのはたやすいことなんです。でももしアメリカ市民になっていたら、いろいろと面倒な手続きをふまなければいけないし、時間もかかるでしょう。私の兄は弁護士なので、アメリカの市民権を取らないほうがいいとアドバイスされました。」

もし人生を繰り返せたらどうするかという質問に、エルスは深く考えることもなく、明快に答えた。「私は生まれ変わっても、きっと同じような人間に生まれただろうから、やはり同じようなことをしたと思いますわ。だから、もう一度生まれ変わりたいかと訊かれたら、答えはノーです。」いかにも天秤座らしい答えである。

最後にエルスはイラク戦争についての意見を付け加えた。「ブッシュは介入すべきではなかったと思います。ヨーロッパ人の方がアメリカ人よりは、こういった異文化間の戦争については経験があると思うんです。アメリカ人は中近東の人のことを本当に知ってはいませんからね。ブッシュはやっかいなことに頭を突っ込んでしまいました。却って反米感情を煽り立ててしまったから、やるべきではなかったのです。良かれと思ってやったのかもしれませんけどね。でもイラクのことはその人たちに任せておいた方が、良かったと思うんです。ブッシュは彼らを助けたかったのかもしれないけれど⑯、世の中には助けてやれない人たちも居ると思うんです。そしてそういう人たちは、自分たちでその人生を切り抜いて行く運命なんです。でも今ではイラク戦に世界中が巻き込まれてしまいました。そして悪くなっていく一方です。」エルスのような、自然な人との出会いや治療法を大切にする人には、強引とも言えるイラク介入が賛成できなかったのは、当然かもしれない。

エルスは母国オランダの産物というよりも、むしろ緊密で愛情にあふれた家族の産物といえる。けれど彼女には、まちがいなくオランダ人特有の自立的な考え方が貫いている。常に自分の心の声に従って、人を助ける職種につけるよう、絶えず学校に通い続けてきた独立独歩の姿勢がそれである。彼女は、自立心とこまやかな愛情の、複雑で興味深い混合物であった。インタビューが終わっても、私は彼女といつまでも居たいような心地よさを感じた。それは彼女が、いくらでも質問をしてくださいとか、後で何か訊く必要があったら、家に電話してくださいとか言ってくれたからばかりではない。私は彼女に初めて出会ったような気がしなかったのだ。それなのに彼女は、アメリカでは暖かい人間関係を持つのが難しいと言う。彼女が求めている深い愛と暖かさというのは、よほど特別のものなのだろう。そしてそのような愛を与えた彼女のオランダの家庭に私はしばしば思いを馳せたのだった。

(15)「イエス、アメリカは衰退している。ノウ、アメリカは今でもナンバーワンだ。」(タイム誌。２０１１年3月14日号33頁。２０１０年レガタム繁栄指数による)

(16)よく知られているように、ブッシュのイラク侵攻は、サダム・フセインがＷＭＤ(大量破壊兵器)を所有しているとの情報が大義名分となっていた。同時に、独裁者を倒せば、しいたげられたイラク国民が喜んでアメリカを迎え入れ、中近東に民主主義国家を作れるとの希望的観測も持っていた。しかし結果は、ＷＭＤは誤情報で、イラク国民は異民族間で内戦を繰り返し、イランを強大化させることとなった。

第8章　ミミ——裁縫師（コンゴ）

（ミミは32歳で米国に移民し、現在45歳。結婚していて4人の子供がいる。）

ミミは、はじけるように明るい笑顔を持った、とても親しみやすい女性である。小太りの身体が、きびきびと軽やかに動く。彼女はノードストロムという、とても人気の高いデパートの、とても人気のある裁縫師である。お客が買った既製服を、仮縫い室で試着してもらって、注文服のように直す仕事である。ただの丈詰めだけでなく、直し料を払えばデザイン変更のような大掛かりの直しもやる。

このデパートは、3階建ての巨大なモール（通常屋根付きのショッピング・センター）の一端にあって、もう一方の端にはメイシーのデパートがある。両デパートの間には、同時に数種類の映画を1時間毎に上映している映画館の集合体を始めとして、多数の店舗が延々と続いている。このモールはウェストウッド大通りをまたがって伸びていて、大通りの上は高架橋で結ばれている。高架橋は片側がガラス張りになっていて、ウェストウッド大通りが見晴らせるが、街路樹が整然と並んでいるところは、まるでパリのシャンゼリゼ大通りのようだ、と言ったらちょっと言い過ぎだろうか。いずれにしても、普段運転している時は混んでいるので気が付かないが、高架橋から見ると、なかなか良い眺めだ。高架橋の中はちょっとした遊歩道になっていて、テーブルやベンチが置かれている。ミミと会ったのは、この遊歩道のテーブルだった。ミミは自家製のランチをほおばりながら、フランス語なまりのものすごい早口の英語で、彼女の人生を語ってくれた。

私がミミに興味を持ったのは、彼女の人種的背景のせいだった。ミミはベルギー人とコンゴ人の混血で、彼女の母国であるコンゴの歴史を体現しているからである。15世紀にポルトガル人が、コンゴの海岸地帯を踏査して以来、ゴムと奴隷売買の目的で、ヨーロッパ人がアフリカ沿岸諸国にやって来た。19世紀後半にベルギーのレオポルド2世が、コンゴ川流域の踏査に資金を出した。ゴムの需要の増大で、コンゴの開発は進んだが、現地民の搾取が激しくなったことに怒った西ヨーロッパ諸国は、コンゴに植民地憲章を与えるようレオポルド2世に圧力をかけ、1908年にコンゴは、ベルギー領コンゴとして統治されることになった。以来ベルギー人を筆頭に、ヨーロッパ人が、コンゴに通商のためにやってきた[17]。

ミミの曽祖父もその一人だった。彼はベルギー人で、コンゴ滞在中にコンゴ人の女性と暮らし、生まれた娘、つまりミミの祖母を、ベルギーの女子修道院に送って養育した。曽祖父は、娘をコンゴで養育したくなかったのである。その娘が適齢期に達すると、曽祖父は娘を、彼女と同じ人種的背景の男、つまりベルギー系コンゴ人と結婚させた。それが当時の植民地時代の慣行だったからである。ミミの両親も、慣行どおりの結婚をした。つまり両親共に、ベルギー人とコンゴ人の混血なのである。

これらの混血人種は、ベルギー領コンゴの特定の地域に住んだ。ミミの母親の住んでいた高地コンゴの人々は、平和を愛するおだやかな人たちだったが、父親の住んでいた低地コンゴには、戦闘的な人が多く、絶えず争っていた。「まるでルワンダの人たちみたいですよ」とミミは言う。ミミが混血でない生粋のコンゴ人と結婚したのは、ミミの家族にとってちょっとしたショックだった。というのは、ミミの家族で、これらの特定地域以外の人と結婚したのはミミが始めてだったからである。

ミミがまだ生後6ヵ月の時、ベルギーに住んでいる父方の伯母が、ミミを2年間養育したいと申し出た。これは、すでに男の子が2人いるミミの母の労を軽くするためと、娘を持たない伯母が女の子を育ててみたかったからである。ミミの父が1972年に亡くなった時、伯母は再度ミミを養育することを申し出た。しかしまだ12歳だったミミは、母のそばにいたくて、伯母の申し出を断った。

コンゴには沢山良い学校があり、ミミは首都キンシャサの洋裁学校に入学した。しかしミミが18歳の時、ベルギーの伯母からの3度目の誘いを受けることにし、卒業を待たずにベルギーに行って伯母と暮らすことにした。一方キンシャサの洋裁学校では、毎年トップの学生をヨーロッパに送っていた。ミミはクラスで一番だったので、ヨーロッパに行けるはずだった。しかし一旦ベルギーに行くと決めたミミは、卒業まで待てなかった。

ミミがベルギーに到着すると、伯父と伯母はミミが行きたかった学校の学費を払いたがらなかった。その学校は優れた技術専門学校で、化学や数学や物理学などの裁縫以外の科目を教えた。この学校の卒業証書があると、大学に行けるのだった。しかしこの進学校はとても学費が高かったので、伯父と伯母はミミを洋裁専門学校に入れた。そこではミミは非常に優れた縫製技術を学んだが、数学などの科目は教えられなかった。この専門学校は通常2年課程だが、ミミはキンシャサの学校ですでに多くの技術を習得していたので、一年で卒業した。

それからミミは職を得たが、伯母の家を出るために、お金を貯めてあこがれの技術専門学校に入る計画を立てた。しかし長い通勤時間と寒い気候のせいで、ミミは気分が滅入り、ホームシックになって、計画をまっとうできなかった。伯母の家は、ベルギーの首都ブリュッセルの南東45キロメートルの小さな町にあり、学校と職場のあるブリュッセルまで通うのに、バスと電車を2本乗り継いで、毎朝1時間半を要した。伯母は看護婦で、ブリュッセルに小さなアパートを持っていた。通勤に長時間かかるため、ミミは時々伯母のアパートに泊まることがあった。しかし、「ベッドは無料ではなかったんですよ」とミミは言った。伯母のアパートに泊まった夜は、ミミはいとこの子供の子守をさせられたからだ。

ベルギーの冬は気温が零度以下になる。赤道のすぐ南にある熱帯地方のコンゴで育ったミミには、信じられない寒さだった。彼女はほんのちょっとしたことで泣くようになった。彼女はついに、保護者たちに、もう一緒に暮らすのはやめてアフリカに帰りたいと言い出た。伯父は、高価なアフリカ行きの飛行機の切符を買わなければならないと思って腹を立てた。伯父は非常に自分勝手な人で、切符のお金を払うのがいやさに、ついに伯母の家を出て他所に行ってしまった。ミミはベルギーにとどまるしかなかった。

ミミはある大規模な洋服メーカーに雇われた。しかしベルギーの住民でないために、労働許可証を持っていなかった。彼女はビジターのビザを3ヵ月毎に更新してきたのだった。彼女は、伯父が居住民の申請をするという条件で雇われたのだが、伯父は勿論それをしなかった。そのためミミは、「ブラックマーケットで働いている」という状態になり、雇用主はついに、ミミをもう雇い続けることは出来ないと言った。このようにして雇用を切られてしまったので、ミミは学校に行って、タイプその他の実務を習得した後、働いている間に貯めたわずかな貯金をはたいて飛行機の切符を買い、ついにアフリカに帰った。そして直ちに、洋裁のビジネスをはじめた。１９８０年のことで、彼女は若干20歳だった。

アフリカに戻った最初の年に、ミミはベルギーから新しいミシンを買った。航空会社のスチュワーデスをしていた友人が、ベルギーに飛んだ際にミシンを買い、帰りの飛行で持ち帰ってくれたのだ。だからミミは輸入関税を払わなくてすんだ。ミミは、まもなくエリートの顧客を持つようになり、以後10年間に6台ものミシンを買って、従業員を雇って顧客を増やした。ミミのビジネスは成功し、良い収入をもたらした。その頃になると、母は更年期のせいか、泣いたり仕事をしなくなったりした。ミミは母と、そして2人の兄をも経済的に助けるようになった。ミミは家族を助けることが出来る自分の能力に、誇りと喜びを持った。彼女の人生は、順風満帆だった。

1990年になってミミは、14歳の時から知っていた3歳年上のコンゴ人の男性と再会した。彼はアメリカの北カロライナ大学を卒業しており、すでにアメリカの永住権を持っていた。1990年に彼は仕事から2週間の休暇を取って、コンゴを訪れ、ミミを探したのだった。彼はロスアンゼルスに帰った後、ミミを恋しがって、毎日アフリカに電話をかけてきて、ミミと結婚したいと言った。まもなく2人は打ち合わせて、それぞれ必要な手続をとり、ベルギーで10日間再会した。「とても素晴らしかったわ！　あれが私たちのハネムーンでした。だって結婚以来、私たちハネムーンなんて行ってませんもの」とミミは笑った。

だがミミが実際にアメリカに来て結婚できたのは、それから2年後の1992年だった。「2年間、彼は私がアメリカに来られるように、最善を尽くしたんですよ。」しかし彼は、ミミを合法的に呼び寄せられる唯一の方法は、彼がアメリカ市民になることだと言った。その間にも、二人はベルギーで会うチャンスを持った。しかしこの2年間は、ミミの生涯で最も長い2年間だった。

母はミミのアメリカ行きを祝福したが、寂しがった。母は夫が1972年に亡くなった後再婚し、ミミより8歳下の娘を産んでいた。しかしこの異父妹は、ミミがアメリカに来る2年前に、結婚のためロンドンに行ってしまっていた。母はすでに弱っていたが、ミミが去った後、誰も世話をする人がいない。だからミミは夫に、母をアメリカに呼び寄せなければいけないと言った。母は10年前に、ミミの2番目の子供が生まれる直前にアメリカに移った。

ここでミミは突如として、何故彼女が13年間の結婚生活で、4人もの子供を持ったのかを滔々と語り始めた。子供たちは12歳、8歳、3歳と、末っ子はまだ17ヵ月である。ミミと夫は、4人も子供を持つ意図は全くなかった。それどころか、夫は子供を大勢持つのには反対で、夫婦は子供は一人と決めていた。ところが最初の妊娠は、ミミがそれと知らぬ間に始まり、4年後には、夫婦は一人っ子はよくないと考え始めた。「どうも娘は甘ったれになりすぎたようだ。」「やっぱり男の子がいる必要があるわね」と。しかしミミは、母がアメリカに来て手伝ってくれるのでなければ、二人目の子供を持つ気持ちにはなれなかった。何故なら以前、ベビーシッターでいやな経験をしたからである。そこで夫婦は、ミミの母が休暇でアメリカを訪れている間に、妊娠するよう「最善の努力」をして、首尾よく男の子をさずかった。ところが2、3年して、ミミはまた妊娠したのである。そしてまた妊娠した。「ああ神様！　私は全く気が滅入っちゃいましたわ」と当時を思い起こして、ミミは大仰に両手を合わせて天を仰ぐ動作をした。しかし彼女はエネルギッシュで、その人柄が明るいオーラに包まれているせいか、苦境の話をしているにもかかわらず、一向に深刻な雰囲気にならないのだ。それどころか、申し訳ないけれども私はコメディアンのモノローグを聞いているような気さえして、思わず笑ってしまい、彼女も笑ったが、その「モノローグ」はまだ続く。

ミミはカトリック教徒なので、生涯で妊娠中絶をしたことは一度も無く、それに反対である。夫はカトリック教徒ではないので、ミミが4度目に妊娠した時、彼女にこう言った。「こんなに赤ん坊が増えてはかなわない。今度だけは中絶をしてもらわなくては。」ミミは「絶対に、イヤ！」と言った。夫婦はそのことでしばしば喧嘩をした。夫は「君がそんなに赤ん坊を産むのは、我々が離婚した時、養育費が沢山とれるためか？」と言い、ミミは「あんた、そんなこと言って、気でも狂ったの？」と言い返した。夫はなおもミミを説き伏せようとし、ミミは代替案として、養子縁組の説明を聞きに行った。しかし帰宅するや否やミミは、「私は私の赤ちゃんを養子になんか出しませんよ。絶対に！」と夫に宣言した。中絶と養子のオプションを退けた結果、ミミは赤ちゃんを生むしかなかった。「赤ちゃんは私のお腹にいて、夫のお腹にはいませんからね。だから私が決められたんです」とミミは笑いながら言った。そして4番目の赤ちゃんが、時も時、キリストが復活したと言われる復活祭の当日に生まれた。そこでその子は、「神は我々と共にあり」という意味の、エマニュエルと名付けられた。ミミは中絶をめぐる争いで、ついに夫に勝ったようである。というのは、夫はエマニュエルの誕生後、断種手術を受けたからである。

ミミが初めてアメリカに来た時、彼女の目標は、コンゴでやったような洋裁のビジネスを開くことであった。彼女は一年間それをやったが、アフリカでのようにはいかなかった。アメリカのほうが、ずっと競争が激しかったからである。アメリカも地方都市ならそうでもなかっただろうが、ロスアンゼルスはハリウッドがあるせいか、ファッションに敏感な土地柄で、それだけに同業者もひしめいている。それにミミは、子供が次から次へと生まれて、その世話に追われていた。だから子供たちが学校に行くようになって時間が出来ると、末の子を母が見てくれている間、ミミは現在の会社で働くことにした。彼女は礼服やパーティ・ドレスを含む、ありとあらゆるドレスを作っていたものだが、今はもう作らない。そういうものに対する彼女の自信も薄らいでしまった。というのは、縫製業はピアノと同じように、毎日の実践が技術を向上させるからである。ミミはここ10年ほど、大きな難しい仕事をしていなかったのだ。

しかしミミの母は、これとは別である。母は生まれながらにして、「洋裁の天才」とミミは言う。母に、スーツでもジャケットでも渡すと、型紙など作ることなく、そっくり同じ物をこしらえる。ミミは学校に行って洋裁を習ったが、母は生まれながらの天分を持っている。ミミが外で働いている間に、実は母も家で子守をしているだけでなく、自分の顧客を取って働いている。母はもう泣いてはいない。母は、そのために生まれてきたような仕事をしながら、孫たちに囲まれて幸せである。

もしミミの父が、ミミがあんなに幼い時に亡くならなかったら、ミミは洋裁業を選んでいなかっただろう。ミミは洋裁業をするには賢すぎた。彼女は医者になりたかったのだ。ミミの世代のコンゴでは、男女は同権だった。女性は、母親の世代ほど若いうちに結婚しない。ミミの友人の一人は女医だが、彼女が結婚したのは29歳の時だった。国会議員のほぼ半数が、女性議員である。「女性は男性と平等に扱われています。女性の管理職や銀行員や医者は、いたるところでお目にかかります」とミミは言った。これも先進国ベルギーの植民地時代の名残だろう。しかしミミは、母が夫を亡くした後、子供たちを育てるために、洋裁をしながら長時間働いているのを見て育った。ミミは母のことが案じられ、またもし自分が医学に進んだら、誰も授業料を払ってくれる人がいないから、自分たちが払うしかないと思った。だから母を助けるために、彼女は洋裁をすることにしたのである。ミミは18歳ですでに顧客を持ってお金を稼いでいたが、もし医学に進んでいたら、大学と医大を終えるまで10年間近くも、全くお金を稼げなかったであろう。

ミミは、生まれ故郷であるコンゴを愛している。祖国はとても美しい国で、人々は優しい。石油やゴムや、その他の天然資源のある豊かな国でもある。しかし彼女が去った頃から、政治的にも経済的にも、コンゴの国情は悪くなる一方だった。国民はすでにとても貧しかったが、さらに貧しくなり、金持ちは一層金持ちになった。金持ちは1ヵ月に4千ドル以上の収入があって、教師の月給はわずか10ドルだと、誰かがミミに教えてくれた。

「だから釣り合いがとれていません。何かが狂っていると思います。ロスアンゼルスに何年か前に起こったような暴動が、あちこちに起こっていました。そしてその収拾策はありませんでした。恐ろしい状態になりつつありました。アフリカでは、すべてが腐敗しています。」

ミミが言及しているコンゴの最近の歴史とは――1960年にコンゴが独立して数ヵ月以内に、選挙で選ばれた初代首相が、ベルギーとアメリカが後押しをしていた反対派に殺された。理由は、同首相がソ連と緊密になってきたからだった。後任のモブツ首相は、冷戦時代にアメリカが後押しをしていたが、アフリカ史上最も腐敗した首相で、最長政権を打ち立てた人でもあった。１９９６年に近隣国のルワンダとウガンダが共同でコンゴに攻め入った。ルワンダの大量虐殺の責任者であるフツの武装組織がコンゴに隠れているためだった。モブツ首相は逃走し、侵入者たちは反乱軍のリーダーのカビラを大統領に打ち立てた。彼も前任者に劣らず腐敗していた。カビラがフツの武装組織と友好的になりすぎたため、１９９８年にルワンダとウガンダは再びコンゴに侵攻した。コンゴに大量に産出するダイヤモンドの利権もからみ、権力と資源を求める戦いは、８つの近隣アフリカ諸国を巻き込み、アフリカの最初の地域戦争が始まった――。

ミミが母国を出てから、コンゴ人が変わったのをミミは知っている。かれらは以前より宗教的になって、一心に祈りを捧げているようだ。その理由をミミは正確には知らないが、おそらく国が衰え、人々は貧しく、無力感に襲われているからだろうと思う。「ですから人々は神に望みを託しているのです。国から逃げ出せる人は逃げ出し、逃げられない人は祈ることしかできないのです。」ミミは祖国を、結婚のために去って以来、一度も訪れたことがない。「長女を連れて訪れようと思う度に、私妊娠しちゃうものだから」とミミは明るく笑った。

ミミがアメリカで好きなのは、その繁栄する経済である。ここではビジネスが活発だ。

ミミと夫は家を買い換えたばかりだった。すでにこれで3度目である。アフリカでは、ミミが家を購入することなど、とても困難だったろう。しかし一方で、アメリカのこの経済が、彼女や彼女のような人々を能力以上に消費に駆り立てようとして、ものすごい圧力をかけているのはよくないと彼女は思っている。「この経済は、私たちにクレジット・カードをよこして、もっと買え、もっと買え、もっと買えとものすごい圧力をかけますが、私たちは買った分は支払わなきゃいけないんですよ！　負債が私たちを押しつぶしているんです。」ミミは、この種の消費者主義中心の経済では、一家の稼ぎ手に万一のことがあった場合、家族全員が崩壊することをよくわきまえている。現在、アメリカの経済がひどい不況に陥っており、ミミの「予言」が生きてくるようだった。つまり、買えもしない家を買え買えと消費者に押し付けた側も、それを買ってしまった消費者も、バブルがはじけて家の市場価格が下がった今では、失業してローンが払えなくなった消費者はその家さえも失い、それをかかえた銀行はそれを売ることもできず、ローンも回収できないという膠着状態に陥っている。

ミミは忘れもしない、2軒目の家を買った時のことだった。2LDKでバスが2つ付いた家を、完成以前に買った。そしてそれが完成した時、中にはいった夫は、「この家は思ったより大分狭いね」と言った。そんなことは予想していなかった。そこで夫婦は、その家をいずれ売ることに決めた。ところがその家を買って2年目に、夫婦は財政上の問題に直面した。夫の働いている政府関係の庁で、内部組織に問題があって、夫の給料が10ヵ月も滞ってしまったのだった。そこで夫婦は家のローンの支払いが滞りがちになり、ついに3ヵ月間払わなかった。ほとんど銀行に家を取られるところだった。それを夫が切り抜けたので、ミミは本当に嬉しかった。「私の夫はこういうことにとっても頭が切れるんですよ。彼がこれほど頭が良くなかったら、私たち、どうなっていたことかと思いますわ」と、ミミは手放しでのろけた。

コンゴの公用語はフランス語なので、いくらかでも教育がある人は皆フランス語を話す。しかしミミの場合は殊に、両親の日常会話がフランス語だったので、赤ん坊の時からフランス語にさらされていた。それから幼稚園でもフランス語を習った。だから彼女の母国語はフランス語で、コンゴ土着の言語ではない。これはミミの家が、両親の代までベルギー系コンゴ人だったために、ベルギーの影響が強かったからである。ミミがアメリカに来てから、「語学学校でフランス語を教えたら」と提案してくれる人もいた。だがミミは、自分の職業は縫製業だと思っているし、フランス語を教えるとなると、採点や授業の準備など、夜家に帰ってまで仕事があるから、子供の多い自分には無理だと決めていた。英語はキンシャサ市の誰もがそうであったように、中学に入ってから習ったが、アメリカに来た当時は、ミミはほとんど英語を話さなかった。そして長女にはフランス語で話しかけていた。

しかし、やがてミミは、母子でフランス語でばかり話していたら、二人とも何時までたっても英語を話せないだろうと気付いた。ミミは英語を練習しなければならないと思った。そして現在は、子供たちとの会話は英語である。時々ミミが子供たちにフランス語で話しかけると、子供たちは、「マミー。何を言っているのか、さっぱり分からないよ」と言う。長女は今でもミミのフランス語を理解できるが、フランス語特有の複雑な変換を正しく用いたフランス語は話せない。「長女がフランス語で話すと、時々私は彼女が何を言っているのか分かりません」とミミは笑った。

だがミミは最近、自分のフランス語も衰えているような気がしてならない。今でも自然なフランス語を話せているのかどうか、自信がない。そこで、ヨーロッパ出身のフランス語が堪能な友人と、機会ある毎にフランス語で会話して、お互いに誤りを正し合うよう心がけている。またミミは、長女がフランス語を忘れないようにと、時々彼女にフランス語で話しかけたり、発音を直してやったりする。フランス語がきっと将来、長女の役に立つ時が来ると信じているからだ。長女はまだ中学生だが、なんと今は日本語に夢中になって独学中である。いつの日か、日本に行きたいのだそうだ。そして絵が得意で、日本のものを描きまくっている。「長女が誰からそんな異国趣味を受け継いだのか、見当もつきませんわ」とミミは言うが、ミミ自身絵が好きだし、「異国趣味」のほうは、遥か「異国」のコンゴに興味を持ってそこに住みついた、ベルギー人のひいじいさんから受け継いだのではないだろうか。

ミミはアメリカに来た当時、英語がうまくなかったので引っ込み思案だった。そして、意地悪なお客に詰め寄られると、泣いたものだった。しかし今では、そういうことはなくなった。彼女は生まれつき陽気で物事にくよくよせず、しかも活動的なのだ。夫はミミのことを、リラックス出来ない人間だと言う。しかしミミは、ただじっと座って何もしていないでいると、リラックスするよりはむしろ退屈してしまう。彼女は沢山のことが同時に出来る人なのだ。ある時夫婦は、自宅でお客を接待していた。電話が鳴った。ミミはお客に次々と料理を供しながら、電話の主と話しながら、その上自宅のお客とも話しながら、子供たちに指示を与えるということを同時にやった。そしてその間中、ミミの顔から明るい日差しのような微笑みが消えることはなかった。

ミミは結婚するまでは、ヨーロッパ風の料理を作っていた。結婚当初も、手が込んでいて洗練されたヨーロッパ料理を食卓に載せた。しかし彼女の夫は「100パーセントアフリカ人」で、ヨーロッパ料理はあまり好まなかった。彼はミミに、アフリカ料理を作ってくれと頼んだ。アフリカ料理はミミが子供時代に覚えたものなので、作るのは簡単だった。厳密なレシピーに従わなければいけないヨーロッパ料理と違って、アフリカ料理は材料を計量する手間もいらない。身体が自然に覚えていた。だからミミの一家は、米と「カサヴァ」と呼ばれるものを常食している。「カサヴァ」というのは、中が白い太い根菜で、ミミはこれを切ってゆでた後、色々な調理法をする。ミミの母は、これを中が柔らかくなるまで1週間水に漬ける。それからそれを粉砕機にかけて粉にし、練ってからパンのように丸める。一度に30個くらい出来る。アフリカにはこれを包むための特別な葉があるが、アメリカにはないので、母はそれらをサランラップで包み、さらにアルミフォイルで包んでから、2、3時間茹でる。こうしておくと長い間保存できる。ミミは「カサヴァ」をハリウッドにあるフィリピン人のマーケットで買う。「アメリカではあまり買う人がいないから、とても安いんですよ。それにタピオカみたいに、とても健康的な食品なんです」とミミは言った。カサヴァはアジアとアフリカで、5億人もの主食となっている。

ミミがアメリカに来てから変わったとすれば、それはアメリカのせいではなくて、結婚が彼女を変えたのだと言う。コンゴにいた時は、ミミは独身で、独立した働く女性だった。企業家でもあった。自分が欲しい物は何でも自力で買った。「いいですか。結婚すると人生が変わるんですよ。全く大変な違いです。時には予想もしていなかったような違いです。結婚前は、何でも欲しい物を買いました。今は、いちいち夫に訊かなくちゃいけないんです。自分も稼いでいても。お店に行って自分の買いたいものが買えないのは、時にはしゃくなこともありますよ。」

ミミは最初にアメリカに足を踏み入れた時、あまり感銘を受けなかった。ヨーロッパの方がずっと美しいと思った。今でもミミはヨーロッパに行くたびに、「なんて美しいんでしょう！」と感嘆する。ところがアメリカでは、どこかに出かけるたびに、「これが世界一といわれているアメリカ？」と自問する。アメリカでただ一つミミを感心させるのは、広くて清潔で無料の公衆トイレだというから、皮肉なものだ。これも彼女がヨーロッパと比較をするからで、ヨーロッパの公衆トイレは有料だったり旧式だからである。ミミはヨーロッパの公衆トイレでの経験を、またコメディアンのモノローグよろしく語った。

「数年前に妹に会うために、ロンドンに行った時のことです。私たちはレストランで食事をしていました。娘がトイレに行きたがったので、連れていきました。ところが驚いたことに、アメリカの公衆トイレならどこでも備えてある、便座の保護シートがないじゃありませんか。仕方がないからトイレット・ペーパーで間に合わせようとしたら、それがなんと倹約のためか、一枚ずつ切れちゃう紙なんですよ。で、それを便座に一枚ずつ並べていたら、娘はもう待てないんです。本当に困っちゃいましたわ。そして手を洗わせるために洗面台に行ったら、あんまり小さいんで、水がはねて、娘の服もびしょ濡れになっちゃったんです。ところがアメリカでは、ウォールマート（注：米国のディスカウントストアチェーン）ですらトイレはすごく広くて、沢山あって、ハンド・ペーパーも石鹸も一杯あって、しょっちゅうお掃除の人が入っていて、換気もよくて、清潔でしょう。」ミミの見解によれば、アメリカはヨーロッパに、ビジネスと衛生の面でのみ勝っているようだった。

ミミは地域活動にも参加しないし、教会にも行かない。末っ子が生後17ヵ月の現在、そんな時間は全くないというのが正直な理由である。ミミが外で働いている間、母が自宅で仕事をしながらその子を見ている。だからミミは帰宅したらすぐ、母からその子の世話を引き継いで、母の負担を軽くしてあげなければならない。むしろ産休をとっていた時のほうが自由があって、女友達と会ったりして楽しかった。しかし子供が生まれたらすぐに、仕事に戻らなければならなかった。そこで自由とはおさらばである。それにデパートは日曜日が稼ぎ時だから、ミミは日曜も出勤する。教会に行けないのはそのためで、ミミはそれがとても残念だ。自宅で祈ることは出来るが、教会に行くとミミはいつも沢山のことを学ぶ。牧師があれこれと大切なことをミミに思い出させてくれる。（こう言ってミミは笑った。）それに自宅でも、ミミは聖書を読む時間がない。子供が成長するにつれて、もっと自分の時間がとれることを期待している。

２０００年にミミはアメリカ国民となった。これは母のためだった。母はアメリカにビジターとして来ていた。母が合法的な居住民となるには、ミミがアメリカ人にならなければならなかった。そうしないと、母は医療費の割引を受けられない。それなしでは医療費は、ミミと子供たちにはあまりにも高すぎるのである。

だがミミは、永住の地はアメリカでもコンゴでもなく、ヨーロッパを夢見ている。夫が一度ヨーロッパの会社に応募しようとした時、彼が職を得られれば家族全員がヨーロッパに住めるからと、ミミは彼を激励した。彼女には、ヨーロッパに対するある種の崇拝と憧憬がある。ヨーロッパで暮らしていた時のほうが、アフリカに居た時よりも、自分自身に対して前向きで、自信を持つことが出来た。アフリカでは、小さな子供の頃から食事のお給仕その他をやらされていた。家族の集まりやお客が来たときなど、ミミは自分の時間が全くと言っていいほどなかった。いつも自分は人のために働くよう期待されている気がしていた。だからアメリカに来てからも、始めの頃は、子供たちが友達を連れて来た時など、ミミが彼らのベッド作りなどすべてをやった。しかしある時、「なんで私がすべてやらなきゃならないの?」と自問するに至った。それにヨーロッパの男性は、アフリカの男性よりも、妻と家事を分担する傾向がある。もっとも、アフリカの男性と中近東の男性を比較すると、女性は前者と結婚したほうが遥かに幸せだとミミは信じている。何故なら、ミミは中近東の女性たちから、彼らの夫は家事を「全くやらない」と、しばしば聞かされているからである。

ミミがヨーロッパと言う時、それはベルギーのことである。彼女にとってベルギーは第二の故郷であり、なじみが深いので愛している。実際に彼女の中には、ベルギーの血と文化とが曾祖父の代から流れているのだ。ミミは、コンゴとベルギーとアメリカの、3つの祖国を持った女性といえる。

もしミミが人生を繰り返せるなら、ミミは医者になるかわりに画家になりたい。子供の頃絵に夢中になって、機会さえあれば描きまくったものだった。しかし母が、その夢をやんわりと砕いた。「言っておくけど、アフリカで絵画の道に進んだら、自分を養うだけのお金を稼ぐことは決して出来ないわよ」と。そして現在、またまたミミの興味は別のことに移った。子供たちが成長して、半ば自立した時、ミミは学校に行って写真技術を習いたいのだ。彼女は写真を撮るのが大好きである。ミミはまた、室内装飾にも興味を持っている。彼女の向学心は、彼女が夢見た進学校に行きたかった時以来、衰えていないようだった。

(17)　その後コンゴは１９６０年に独立を与えられ、１９７１年に「ザイール」と国名を改める。１９９７年に再び「コンゴ民主共和国」と名を改める。

第9章　リコ――ピアニスト（日本）

（リコさんは18歳でアメリカに来て、現在39歳。結婚していて、3歳の男の子がいる。）

リコさんは39歳だが、18歳くらいにしか見えない大変チャーミングな女性である。しかし、実力は大したものだし、波乱万丈の人生を送ってきたので、肝がすわっている。

リコさんは、私のピアノの先生でもある。2年前に初めて私の家に現れた時、彼女は大きな目を強調したメークアップをして、アメリカではあまり見かけないおしゃれなジャケットをはおっていた。色はグレーで地味なのだが、前から裾にかけてスキャロップ・カットがほどこしてあり、マントのように広がっていてなんとも粋なのだ。その次に現れた時には、ぴちぴちとした小麦色の身体がはみだしそうなセクシーなミニドレスを着ていた。「日本人のピアノの先生」というイメージを持って彼女に会うと、ちょっと意外な感じがする。

しかし、彼女はすでにアメリカに合計15年、フランスのパリに5年間暮らしていて、アメリカとフランスのコンセルヴァトワール（音楽学校）でピアノを勉強し、教え、かつ演奏活動をしている。人生の半分以上を外国で暮らしていることになる。典型的な日本女性の先入観を持って彼女に会うほうが、おかしいのかもしれない。そういえば、彼女の個性的な服装は、パリ仕込みらしかった。

リコさんは、沖縄生まれの沖縄育ちである。父親は、コンサート・バイオリニストになりたくて、なりそこねた典型的なステージ・パパだったと彼女は言う。リコさんは4歳の時からその父親にピアノを教えこまれ、おかげで最初に習った文字というのは音符、次に習った文字はアメリカン・スクールの幼稚園でのアルファベット、最後に習ったのが日本の小学校でのひらがなだった。だからピアノの音符がすらすらと自然に頭に入り込むという点で、彼女はその年齢より遅くピアノを始めた人より圧倒的に有利なのだ。

リコさんの父親は徹底したスパルタ教育をした。リコさんが4歳になった時から1日1時間の練習、小学校2年生からは1日1・5時間、4年生からは一挙に1日4時間の練習を強いて、2度同じ間違いをすると殴った。普通の日本の小学校から帰宅してからの練習だから、学校の宿題もあったろうし、並大抵の日課ではない。したがって、リコさんが進学校の普通高校に入った時には、学校の勉強は、おろそかにならないまでも落第しない程度にやるという態度になった、というのも当然だろう。

リコさんの父親のスパルタ教育は、ピアノだけでなく生活全般にわたっていた。リコさんは長女なので、弟妹の不始末の全責任を負わされた。「全く軍隊式なんです。」とリコさんは訴える。誰かがコップをひっくり返しても、ふきんを持って走って始末をするのはリコさんである。6歳の時、壊れたガラスのコップの始末をふきんでしていたら、父親に殴られた。それでも拭いていたら、また殴られた。結局理由は、ふきんにガラスのカケラが入るから、新聞紙でガラスを取り除いてから、ふきんで拭くということだったのだ。「そんなこと、6歳の子に分かりっこないですよね」とリコさんは訴える。だが父親は、自分で考える子に育ってほしかった、いつも緊張の中で暮らさせたかった、と後で言ったそうだ。その緊張感がリコさんを職業人として引き締めているのだろうか。とにかく出張教授に1分と遅れたことがない。これはロスアンゼルスのような車社会で、渋滞や交通事故の多い、しかもだだっ広い街では、なまやさしいことではない。また先生としても、やる気のある生徒に対しては、かなり厳しい先生である。

リコさんがアメリカに来たのは1984年、18歳の時アメリカの音楽大学に入学するためである。これは私が想像したような、ステージ・パパが強制した、というのでは全くなかった。リコさんが中学生の時、アメリカの音大で教えているユダヤ人のピアニストが沖縄に来て、公開レッスン（マスター・クラスという）を行ったことがあった。その時リコさんのピアノを聞いた彼がその才能を認めて、自分の教えているアメリカの音大に来なさいと言ってくれた。しかしリコさんは、これから高校に行くという段階だったので、「まだ3年たって高校を卒業してからでないと、日本を出られません」と言うと、彼は3年間にマスターすべき曲目の宿題をくれた。それでリコさんは頭の中で、この宿題をやったら3年後に、あの先生のところに行って勉強するのだな、と納得した。

ところがアメリカ行きは簡単ではなかった。彼女は6人姉弟の長女で、父親に一番長く薫陶を受けている。父の反応は複雑だった。その時はわからなかったが、今思えば父親のジェラシーがあったと彼女は思う。父は建前としては、子供がより良い教育を受けるためにアメリカに行くには賛成したいし、娘の晴れがましい門出に臨んで、自分もその貢献者として自慢したいという気持ちはあっただろうが、自分自身の音楽家としての挫折感からだろうか、嫉妬したり、自分が恵まれなかった子供時代、学生時代を思って、腹ただしくもあったようだ。我が娘ながら生意気な、なんとラッキーな、自分がお金を払うからこそ行けるんだぞ、というような、コントロールしたい部分もあった。リコさんは今になって振り返ると、そうだったのかと分かるけれど、18歳の時は、大人として、家長として威張っている父だったから、質問や、まして反論などするわけにいかない。相反するメッセージを送られて、父の気持ちがよくわからなかった。

以上が父の反応だが、リコさんが11歳の時から師事していた日本人のピアノ教師はというと、リコさんのアメリカ行きに反対を唱えた。日本の音大に入ってちゃんと学位をとって、それから後にアメリカの大学院に行けばいいと言い出したのだ。ここにも、自分が手塩にかけた逸材を、これから花開くという時に、みすみす人手に渡したくないという所有欲や、自分の色を入れたい、クレジットを取りたいという気持ちが見える。

しかしリコさんは、「日本の音大に4年間も行っていたら、（自分の才能が）つぶされてしまうからとんでもない、そこまで待ってはいられないというのが16歳位でパッとわかってしまったんです」と言う。今思えば日本の先生や親というのは、すごいジレンマの中で大変だなと思う。ひたすら子供の成功を願う一方で、自分のせいで成功したのだと自他共に認められたい、いわば成功報酬を求める利己心が働いて、その間で葛藤しながら、しかし葛藤しているとも気付かずに、結局生徒や子供に寄生してしまっている。だからリコさんは自分の経験を教訓として、生徒に自分の所有欲を押し付けまいと、教師としての自分をいましめている。

リコさんが先生に、日本で大学を出てからにしなさいと言われた時、「では私はオーディションのテープを作らなければいけないけれど、先生は見てくれないんだな、レコーディング・スタジオも自分で探さければならないし、願書も誰も読んでくれないんだな」と思った。「行きたいなら自分でやればいいでしょう」、入ったら、「じゃ仕方がない、行きなさい」という状態だったのだ。だから誰も助けてくれないし、ましてや励ましなど、望みようもなかった。「もう四面楚歌」とリコさんは古い言葉を使って当時の気持ちを表現する。だから願書も、中学、高校程度の英語で「しどろもどろに」書いたのだった。

誰も励ます人はいなかったが、リコさんの頭の中にはユダヤ人の先生があった。だがそれは3年前の話で、忘れられているかもしれないと思った。後で分かったことだが、彼としては、リコさんが「行きます」と一言言えば入学させるつもりだったのだ。すでに彼のオーディションを受けていたからである。彼が「僕が引き受ける生徒ですよ」と言えば、入学許可をされているのと同じなのだ。しかし、そんな事情はリコさんは知るすべもないから、正規に応募して、入学を許可された。

実際にアメリカに渡り、入学手続きの当日、ユダヤ人の先生にキャンパスでばったり出会った。先生はびっくりして、「なんだ、君、来ていたの？　なぜ前もって知らせなかったの？　ちゃんと入学許可の手続きを事前に取ってあげたのに。ではこれからやりましょう」と言った。リコさんが「先生。もう入学許可は下りています。入学の手続きも済ませました」と言うと、先生は、今度は本当にびっくりした。

リコさんはすでに10歳くらいの頃から、なんとなく日本をキュウクツだと思い始めていた。それも将来演奏活動を行う上でではなく、日常生活の中でだった。例えばリコさんが小学生の時のこと。学級委員と副委員を投票で選ぶことになって、リコさんが一番票が多く、2番目に票が多かったのが男の子だった。すると先生が「ハイ、○○君は学級委員、リコさんは副委員」と言った。リコさんは、なぜ自分が副委員なのかわからない。そこで彼女は、「何故私が副委員なんですか？」と訊いた。他の女の子は「私、女だから」と受け入れる。そこがリコさんにはわからない。他の人がフンフンと納得したように言っていることも分からないことが多い。日本では、常識として受け入れられていることを受け入れないと、「あいつはバカだ」と言われる。ひるがえって、その常識がおかしいのではないか、とは誰も思わない。しかし現代でもこんな男女不平等が学校で行われているのだろうか？「沖縄は本土から遠く離れた島だから、古い日本のように封建的で、考え方が本土より遅れていたかもしれない」とリコさんは言った。

またリコさんはすでに6歳くらいの頃から、「あの子は女のくせに」と言われて、「でしゃばらないように、でしゃばらないように」と気をつけなければいけなかった。口を開くと「危険なこと」を言ってしまうおそれがあったからだった。3年生の時の通知票に、「正義感が強すぎて協調性を乱す」と書かれたところを見ると、彼女はすでに、論理的に筋の通らないことに従えない性格であったようだ。リコさんは、「長いものには巻かれろ」という日本的なメンタリティについていけないというコンプレックスを持っている。そういう性格が、封建的な島の女性としてはハンデで、日本をキュウクツと感じたのはうなずける。

ちょっと面白いと思うのは、クラシック・ピアノは、音階の成り立ちを始めとして、ソナタやフーガの形式など、非常に理路整然と組み立てられた分野だということだ。クラシック・ピアノが彼女の性格を育てたのか、彼女の性格だからピアノをここまでやれたのか。幾分相乗作用があったかもしれない。

リコさんがアメリカに来て感じた第一印象というのは、まず開放感だった。自分はこのままでいいんだな、自分が利口でないと思ったり、しゃべってはいけないと思ったり、自分を規制しながら暮らしていた日本は、そうならずにはいられない社会があったので、ここでは自分はそうしなくても、このままでいいんだなという意味での開放感だった。

アメリカに着いた当初は、日本の中学や高校で習った英語が役立たず、リコさんが喋って相手が返事をしてくれても、それが聞き取れなかった。中国人や韓国人の学生と一緒に英語の補習授業を受けなければならなかったが、リコさんは「水を得た魚」の開放感からだろうか、机にかじりついて宿題をするより、せっせとパーティに出た。すると3ヵ月後には彼らより英語力が格段上になり、圧倒的に差をつけてしまった。コミュニケートしたい一心、それが語学を伸ばす助けになったのだと思っている。現在彼女の英語には、全くアクセントがない。

リコさんは11歳の時、沖縄で知り合ったフィリピン人の友人を訪ねて、フィリピンに一人で行ったことがある。その時、日本語でない言葉を聞いて、「日本語がすべてじゃないんだな。日本語で考える意識がすべてじゃない。世の中にはいろんな思考の仕方があるし、社会も違う」と思った経験がある。この時から異民族社会に適応する下地が出来たのだろう。

リコさんがアメリカの音大を卒業する直前に、先生が「もう君に教えることは何も無い」と言った。そして「僕の演奏を聴いてくれ」と彼女の前で演奏し、意見を求めた。彼女は尊敬する先生に、弟子というよりプロとしての同胞と扱われて、感激すると同時に自信を持った。卒業と同時に、日系アメリカ人の作曲家と結婚し、ピアノ教授や演奏活動をしたが、1993年に夫婦でパリに移住した。そこでまたフランス語でピアノ教授をしたが、1998年に、日本に帰る御主人と離婚してアメリカに戻った。離婚の理由は、リコさんは子供を欲しかったが、御主人は音楽に徹していて子供を拒否したからだった。また同業者同士の結婚なので、一台のピアノを弾く時間をめぐっての葛藤などもあったようだ。離婚については、「愛していたのでねー。つらかったですけどね」と正直だ。だがリコさんの中では、子供が欲しい気持ちがはっきりしていたので、迷いは無かった。

離婚後、フランスにとどまらず、日本にも帰らないでアメリカに戻ったリコさん。その理由は、パリでは音楽家としていろんなものを吸収したが、グリーンカードのような永住権を証明するペーパーを持っていなかったことだ。アメリカのグリーンカードは、日系アメリカ人と結婚した時点で取っていた。だから日本かアメリカかという事なのだが、日本は全く考えなかった。では、アメリカが特に好きで戻って来たのかといえばそうでもない。ただ、帰るところはアメリカ、という感覚だった。というのは18歳でアメリカに来た時、学生ビザで4年間滞在することになっていたが、その時点ですでになんとなく、「もう日本に戻ることはない」という気がしていたからだ。

むしろアメリカのどの州、どの街に行くかを考えた。パリで過ごした5年間を生かせるところといえば、「まあミネソタ（注・アメリカ中北部の農業が中心の州）じゃないよね」と思った。もっとコスモポリタンな街で、しかも非常に打算的に考えて、自分を売り込めるところ、自分の価値が分かってくれて、しかも相応の収入が期待できる所として、ビバリーヒルズのあるロスアンゼルスを選んだ。ニューヨークはパリの延長のようでいやだった。芸術家や学究肌がひしめいていて、そういう雰囲気を満喫した後だったからだ。そういえば気候も、パリとニューヨークは似ている。パリの冬は寒く、両手をお湯に5分間つけてからでないと、ピアノが思うように弾けなかった。パリでは、芸術家たちのサークルに入ってしまうと、音楽家だけでなく詩人もいるし、建築家や舞台監督もいて、それらのつながりができて非常にエキサイティングだったが、サークルが小さくて、同じところをぐるぐる回っている感がないでもなかった。リコさんは、落ち着いて自分自身の人生の根をどこかに生やしたいと思いはじめた。同時に、時々他国に飛び出して、また戻って来られるような、そういうベースをどこかに作りたいと思った。パリで別居しはじめたことも、そういう思いをつのらせた。パリはしかしリコさんの第二の故郷になったようで、いまだに毎年2回くらい演奏活動を兼ねて訪れている。

さて、アメリカに舞い戻ったリコさんは、子供がどうしても欲しかったので、12歳年上のアメリカ人の離婚男性と結婚した。初めてリコさんのピアノを聴いた時、彼は感動して涙を流した。リコさんがピアノを教えていると聞いていたので、「ピアノがそこそこ弾ける人」くらいに思っていたところが、プロのピアニストの迫力ある生演奏を聞いたからだった。

リコさんは生まれた男の子を晴里（パリ）ちゃんと名付けた。男性には8歳の双子の娘がいるが、それもリコさんは時々面倒を見ている。30人近い生徒の出張教授、双子の面倒、自分の子供の面倒、生徒の年一回の合同発表会、パリや沖縄での自分のリサイタル、身体がいくつあっても足りない忙しさだ。その上彼女はお料理が上手だ。ピアニストは食いしん坊だから料理が上手なのだそうだ。たしかにピアノを弾くとお腹がすく。身体だけでなく、頭も使うせいらしい。リコさんはパリで、オーブン料理やスパイスの使い方を、しっかりピアノの仲間や生徒から習った。ロスアンゼルスに来たての頃は、知り合いがなく寂しかったので、料理を作って近所の家に届け、近づきとなったくらいだから、料理には自信がある。彼女のストレス解消法は料理だ。

彼女はその上水泳にも行くし、ダンスにも行く。そんな時間がどこにあるかと思うが、時間は作るものらしい。パートタイムのお手伝いさんが、「リコさんは歩きながら歯を磨いている」と言った。リコさんは早口だし、歩くのも早い。また料理の材料の分量なども、計る手間がはぶけるのでカンでやってしまうらしい。

リコさんがアメリカで一番素晴らしいと思うのは「実力主義」の国というところだ。使い古された言葉で、安易に使われていて、「ああ、アメリカは実力主義の国ね」と、それでおしまいになってしまうが、「その意味が皆さんは本当に分かっているんですか?」とリコさんは聞きたい。「タレントとして貴方は何が出来るの?」ということは日本でも訊くが、日本では例えばピアノを教えるだけの人、または演奏するだけの人、というふうに分かれているのが普通である。リコさんのようにピアノを教えもし、コンサート・ピアニストとして演奏もと、自分を「パッケージ」として売り込む目先の利いた見方というのは、あまり日本では無いとリコさんは思っている。

ところがアメリカという国は、自分をトータルでどうやって売り込むか、失敗してもどうやってフォローするか、次のチャンスの時にどれくらい頑張ってそれを見せるかという点において、限りなくふところが深いとリコさんは感じる。本人の才能や意欲しだいで、限りなく伸びさせてくれる国なのである。それに対して日本の場合は、見るところが全然違うとリコさんは思う。勿論日本でもマーケッティングの仕方というのはあり、彼女は日本でも仕事するからその違いを感じる。しかしアメリカでは、「七転び八起き」というのが日常茶飯事だ。ところが日本では、ひとたび倒産などすると、「あそこ倒産したんですってねー」と、ヒソヒソと陰湿に葬られてしまう。

たしかに日本では一事をもってすべてを判断する傾向があり、一事をもって人や会社にレッテルを貼ってしまう傾向がある。「日本は失敗を許されない国」とアメリカでも言われている。これに対してアメリカでは最近こんなことがあった。料理や家庭用品のカタログ販売で一大王国を作ったマーサ・スチュアートという女性が、株の不法販売に関して虚偽の証言をした罪で服役中に、出所早々またテレビの主要チャンネルで、ショウを再開することが決まったのである。「アメリカは失敗を許す国です。再出発の話を人々は歓迎します」とは、マーサ・スチュアートの会社の現社長の話である。

ではアメリカはチャンスが多い国かというと、一概にそうとも言えない、とリコさん。じっとしていてもチャンスが転がり込んでくる、私たちがラッキーでいられるということではなくて、「チャンスを掴む能力のある人には多い」ということなのだ。リコさんに言わせれば、'If you are committed, it's available for you.' ということなのだ。コミットという言葉は、日本語で一言で表現するのが難しいので、彼女は思わず英語で言ってしまったようだ。あなたが決意をして、打ち込んで、徹底してそれをやるならば、チャンスは手に入る、という意味である。
　リコさんにとって実力主義の社会でチャンスを摑むには、多面的な活動をすることによって、自分のトータルでの商品価値を上げるということらしい。たしかに彼女は、ピアノ教授やリサイタル活動のほかにも、裕福な生徒がその邸宅を提供してくれて、サロン・コンサートを開く機会を与えられたりしている。それをCDに録音して、販売してもいる。それが口コミで、また別の口がかかるという具合である。彼女は教師、コンサート・ピアニスト、エンターテイナーとしても活躍しているのだ。

　アメリカで水を得た魚のように生き生きとしているリコさんでも、歴史と文化の古いヨーロッパの国々や国際都市パリと比べると、アメリカはだだっ広くて、誰も彼もが英語を喋り、資本主義の国なのでマクナルドやケンタッキー・フライド・チキンなどのチェーン店が、判で押したようにどこの街に行っても並んでいて、どうにも「粋じゃない国」に見える。人々はおおざっぱだし、カナダに行った場合は無論のこと、他の国に行ってまで平気で米ドルを出すような、無神経なところがある。政治面でも、俺たちが救ってやってるんだという尊大な態度が見え見えである。もちろんその使命感のようなものは、それなりに評価されるべきかもしれないが、そういう風に言ってしまっては身も蓋もない、というのが分からない単純なところがある。

アメリカ人全員がそうではないが、ニューヨークとロスアンゼルスとサンフランシスコのようなコスモポリタンの街を除く、アメリカの人たちは殆どそうだろうとリコさんは思う。そしてそれは、やはりアメリカが若い国だからで、ヨーロッパの国々や日本のような古い国は、他国に対するそれなりの尊敬があると思う。ところがアメリカは、「ドルの数が一番多いからとかの理由で、いっしょくたに旗揚げしてるところがちょっと……」とリコさんは笑った。

ところで彼女の日本語には、ときどきエッ？　と思うような古い言葉が飛び出してくる。「旗揚げ」などという表現は、今の若い人は耳にしたことはないだろう。彼女もそれをよく自覚していて、日本語を忘れないために、ただ一人の日本人生徒である私を教える時は、日本語を使うようにしている。

日本、とくに沖縄は、リコさんにとってノスタルジックな価値があり、ホームシックになるとすれば、「沖縄そば」が恋しくなる時である。リコさんは日本に年1回帰ると、デパートの地下売り場に行って、乾物を買いあさる。また、アメリカやアメリカ人のおおざっぱなところにあきあきしているので、日本や日本人の細やかさに感動する。それから、何年も会わなかった友達がコンサートに来て応援してくれると、「私は彼らに何をしてあげたんだろう」とひたすら有り難く思う。

沖縄にも日本の細やかさはあるが、本土よりもいっそうつつましやかで、おもてなしの気持ちがひそやかで、しかも強い。たとえば玄関先で失礼するからと、クツも脱いでいないのに、お願いだから帰らないでくれと懇願され、いや悪いから帰ると押し問答のあげく、結局上がらされてしまう。するとお茶を呑んでいる5分間の間に食事が用意されて出てくる。突然予告しないで訪れてもそうなのだ。しかもそれが、午前10時や11時といった、食事時でない場合でも、その家のおばあちゃんなどが走り回って食事を用意してしまうのだ。「もう驚くのを通り超して、滑稽なんです」とリコさんは笑う。それほどお客をもてなしたいという気持ちが県民の間に強いのだ。今でもその風習はあって、それを見るとリコさんは、「本当にしょうがない、いい人たちだなあ」と思うのである。

その日本で、リコさんは時々困ることがある。「これは日本というより私自身の問題なのですが」と断わって、アメリカから沖縄への帰途、東京で2、3日過ごす時、実は「身の置き場が無い」ように感じることがあるという。ホテルなりレストランなりお店なりで出会う日本人は、リコさんが何人なのかわからない。色が浅黒くて、南方系の顔をしているからばかりではない。背筋をピンと伸ばして堂々と歩くし、目線はまっすぐ前を向いているし、人と話す時は相手の目を見据える。言葉はオールド・ファッションだが、きわめて丁寧だ。しかし流行りの言葉は知らないし、現代のセレブの名前やテレビ番組なども、全く知らない。だから例えばお寿司屋のカウンターにすわったりすると、板前さんとの世間話などの場面でたちまち行き詰まる。「なんだ、こいつ」という表情が板前さんの顔をよぎる。「外国人なのか、でもそれにしては日本語がうますぎるし」と、彼らがリコさんが日本人か外国人か決めかねて、ぎこちなくなってくると、リコさんも気詰まりになってくる。そこでひどく疲れている時など、リコさんは全部英語に切り替えて、アメリカ人のふりをしてしまう。

この現象をリコさんは、自分が日本人としてのパーフォーマンスが出来ないせいにする。日本人としてのパーフォーマンスをしようとしても、彼らを納得させられない。さりとてアメリカ人のふりをしていても全然スカッとしない。ふつうの日本人のように出来たらこんなことをしなくていいのにと慨嘆する。彼女は日本を批判するよりは自分を責めている。だが日本が窮屈で出てきたのだし、フランスから日本に帰らないでアメリカに来たのだから、何か日本を避けさせるものがあった筈だ。だがそれは、「2千年の歴史のある日本を、自分一人で変えることは出来ない。だから自分が合わせるしかないのだが、合わせられない劣等感」だと言う。日本で身の置き場が無いように感じるのは、こういう時なのだ。

ところが実は、リコさんほど日本文化を愛し、日本の礼儀作法やしきたりを守っている移民女性を私は知らない。お正月にはお雑煮やおせち料理を作って、アメリカ人生徒の家族や隣人を招く。着物が大好きで、あれば毎日でも着たいという。お抹茶や和菓子のほうが、洋菓子より好きだ。日本の四季折々の行事の執り行い方は、私よりよく知っている。これはリコさんが、本土よりも日本の伝統を残している沖縄育ちのせいかもしれない。

それなのに、外国人との食事やパーティなどで日本のことを聞かれると、リコさんは容赦なく日本の悪口を言う。彼女が日本人だから、みんなが日本のことを聞いてくる。彼女は「身内」だから日本の悪口を言ってもいいのだそうだ。身内のことを悪く言ってもいいというのは、どこの国にも当てはまり、アメリカ人も身内のアメリカ人のことを悪く言うことがある。ところがアメリカ人やフランス人が、日本の悪口を少しでも言うと、リコさんは「あなたに何が分かるのよ！」と日本の肩を持ってしまう。

ではどういう日本の悪口を外国人に言うのかというと、その例が面白い。3年ほど前に沖縄で、音楽関係の同僚たちと歩いていた時、リコさんは普段はロスアンゼルスやパリのような大都会に暮しているから、足早に、同僚たちに先駆けるように歩いていた。すると男性たちが、「日本では、『女は男より3歩さがって男の影を踏まず』って言うんだよ」とリコさんに忠告した。そういうことを聞いた事はあったが、その時のリコさんの反応は無邪気そのもので、「あ、それだったら先生たち、私の後ろを歩いて下さい。そうしたら私、先生たちの影を踏みませんから」というものだった。ケロッとして言うと、男性全員が唖然とした。ところがリコさんには全く攻撃心などなかった。ただ天真爛漫に「影を踏まれるのがいやだったら、後ろを歩いたら」と言ったまでだ。「こういうことを真顔で言うのよ、日本の男って」というような悪口は言う。おもな悪口は、諸外国に比べた日本女性の地位の低さや、それを分かっていてマニピュラティブに（巧みに操縦して）男性に働きかける女性のことで、「それで長い物に巻かれてみんな幸せに暮している⁽¹⁸⁾ヘンな国」というふうに言う。

祖国は自分が望んで出たことだから、正直なところ祖国を出てから辛かったという思い出はない。リコさんのご主人がレイオフ（一時解雇）されて、リコさんが一家の稼ぎ手となっていた時期があったが、それも今考えると貴重な体験で、辛かったという風には思わない。リコさんは、神様がやれる人に試練を与えると思っている。「やれなければ自殺するしかありませんが、自殺はそんなに頻繁に起こるわけではありませんからね」と笑い、人は皆その度量に応じて試練を与えられている筈と言う。

リコさんの周りには、旦那さんに「ハイ」とお給料を手渡されて、それで一日中ピアノを弾いている人がいる。実際彼女の周りには、そういう旦那さんを見つけるのがうまいアーティストが多い。「パトロンのような」と彼女は笑った。たしかに才能を育てるのはお金がかかるし、ヒマもいる。リコさんが、世界的に有名なピアニストになれなかったのは、一つには裕福な家に生まれたり、強力なパトロンの後押しがなかったせいもあるだろう。だからリコさんのことを、「あんなにやって大変ね。ビバリーヒルズのお金持ちとでも結婚していれば、ピアノの出張教授などしないで、コンサートばかりしていられるだろうに」

と見ている人もいることを本人は知っているが、「どんな人生にも正札がついている」とリコさんは言う。そういうビバリーヒルズの奥さんも、それなりの代価を払っているはずだというのだ。

これをリコさんの強がりと見る人も居るかもしれないが、彼女はもともと強い性格で、泣き言を言う前に、解決に向かって行動を起こしてしまうタイプなのだ。18歳から異郷で一人で運命を切り開いてきた歴史が、その性格を一層強くしているかもしれない。そもそもリコさんは幼い時からチャレンジに慣れているので、まわりが見るほどは大変だという意識がない。むしろ何かしらのチャレンジがないと、何か起こりそうで恐い。大地震が起こりそうで。だからちょこちょこと微震が来たほうがいい。最初のチャレンジは父親のスパルタ教育だった。なにしろ弾けないと体罰がとんできた。「私は虐待された子供」と彼女は言う。だからどんなことが起こっても、あんな家に帰って何かのきっかけで殴られたりすることがないのだというその幸せは、毎日感じる。

だから日本で生徒の親に、「どうしたらうちの子も、リコさんさんのように強い大人になれるんでしょうか」と相談を受けると、間髪を入れずに「それはお家が暖かいからですよ。帰るところなければ、いくらでも強くなって生き抜いていきますよ」と言ってあげる。助けてくれる人がいなければ、強くならざるを得ないではないか。「いつでも帰っておいでって言うから子供はいつまでたってもフラフラしてるんですよ」と。しかし勿論リコさんは、暖かい家庭を否定しているわけではない。

3歳の我が子の将来については、父母の国籍や文化が違うから、考えなければいけないと思う。子供には日本語を教えたいので、家庭では日本語で話しかけたり、日本の絵本を読んであげている。また、小学校に入ったら、土曜日は日本語学校に通わせるつもりだ。リコさんがアメリカに来た時のゴールの一つは、日本に帰らないことだった。そのゴールは達成したが、子供は「ママは何故日本を離れたんだろう?」と、日本にカルチャー・ショックを求めに行くだろうと思っている。

リコさんは今、ロスアンゼルスに住んでいるが、「今」というのを3ヵ月から6ヵ月単位で言っているのだが、「文化」と総称される人間の行動パターンは、持って歩けるものではなくて、むしろ国や街など行った先々で、自分が変わると思っている。例えばパリに住んでいた時は、オーケストラに行ってインタビューを受けて、仕事が来、仕事が終わって皆と団欒して、さてロスアンゼルスに行くと、そこはまた全然違う風土なのだ。そこでまたリラックスして仕事仲間と団欒する。つまり、その都度その風土に同化しているということになる。これは、彼女が感受性の強い芸術家だからだろう。感受性が強い分だけ、反応の仕方も早いのだ。普通の人が3年から5年かかって異文化に適応するところを、彼女は数ヵ月単位でやっている。

ところが面白いことに、リコさんは沖縄に行った場合だけ、この異文化適応がかならずしも自動的に起らず、沖縄の人に意識的に合わせている自分を感じる。やはり彼女の日本文化に対する複雑なコンプレックスが、尾を引いているらしい。

しかし全体として、彼女は今は代表的な南カリフォルニア人になってると思うし、どこの文化圏に行っても好きな点と納得できない点があるから、最近はこだわっていない。コスモポリタン〈国際人〉でもないと言う。ただ強いられない限り、どの土地にも比較的スムーズに適合してしまう。しかも自分では、自国の文化を維持しているという意識もない。それはむしろ、外から指摘されて始めて知る。

リコさんはアメリカ在住のヨーロッパ人の友人に、「あなたはやっぱり普通のアメリカ人とは違う」と言われた。「普通のアメリカ人だってみんな外国人じゃないの、もとは」とリコさんが反論したところ、その友人は、「でもあなたの場合は、日本人ということもあるかもしれないが、ヨーロッパのいろんな国がひしめき合って、言葉やカルチャーを、喧嘩しながら、守りながら暮している所に住んでいた人間が感じる遠慮や気遣いがある」と指摘した。そう言われてリコさんは、今まで住んできた所が自分を作っているんだな、と納得したのだった。

リコさんは、18歳でアメリカに来た時、なんとなくもう日本には戻らない気がして、日本に帰らないのがアメリカに来た時のゴールだったとまで言ったが、現在の心境はどうだろう。将来日本に帰るつもりがあるかという問いに対して、奇抜な答が返ってきた。「日本にお墓を作りたい」というのだ。その理由はほとんどジョークに聞こえた。I can't live there. May I be dead there?（私は日本には住めない。死んでからなら住んでいい？）リコさんはやはり劣等感があるのだ。なぜ自分は日本とやっていけないのかという。きちんと仕事もしているし、やっていけないわけではないのだが、自分が努力して日本に合わせているという不自然さを、人も感じているのではないかというぎこちなさがつきまとうらしい。

アメリカに来たい人には、「来なさい」と言いたい。「でも誰にも頼ってはだめだし、とくに私は忙しいから、当てにしてもらっては困るって言います。」だが、リコさんもいろいろな国で、親戚もいないところで人様にお世話になったのではないのか。「そういうこともありましたが、結局は、一生懸命やってるわね、助けてあげたい！　と思わせるのは本人の腕であって、日本式に、『よろしくお願いします』『ハイ、承知いたしました』って助けは来ないからって言いますね。」

インタビューが終わってからリコさんは、「普段忙しくて何も深くは考えずに暮らしているけど、こうして質問されてみて、答えている自分の声が聞こえて来るんです。で、あぁ何とリッチな（豊かな）人生だったろうと思いました」と言った。

その人生はまだ続いている。

（注・・このインタビューは日本語で行われ、英語の部分はリコさんが英語で答えたものである。）

(18) 2009年8月、国連は日本政府に対し、これまで女性差別撤廃委員会からの勧告を実施していないことについて、改善を求める勧告を出した。

あとがき

本書は、各国の女性たちに33の全く同じ質問をしたインタビューに基づいている。質問は同じでも、各人の事情に従って、答えは大きく変化に富んでくる。それを期待して、出来るだけ違った背景の女性を選んだにもかかわらず、共通点がいくつか現れた。それと同時に、彼女たちの祖国との関係や、お国柄のユニークさにも興味深いものがあった。それらをここにまとめてみた。

まず、ここで取り上げた世界各国の女性たちに共通しているのは、ほぼ全員がアメリカの機会の多さと自由を賞賛していることである。アジア、中近東、ラテン系の国々は、それぞれ儒教や回教、カトリック教などの宗教の影響か、まだまだ男性上位であったり、年長者上位であるため、そういう国から来た女性は、アメリカで男性の保護者や保証人なしで、家を買ったりビジネスが出来るので感激する。アジアの国々でもフィリピン、ベトナム、そしてアフリカのコンゴから来た女性たちは、西欧先進国の植民地であったせいか、男女平等を経験しているが、祖国の貧しさから、やはりアメリカの機会の多さを素晴らしいと思っている。

アメリカでは人種や性別、年齢による差別が法律で禁じられているので、軍隊などの例外を除き、進学や資格試験に年齢制限をもうけていない場合が殆どだ。そこで、成人してから移住した女性たちも、州の資格試験に挑戦したり（ヴィクトリア、ファリデー、マリエッタ、ハイディ）、学位を取得したり（グレイス、エルス、グレイス）、末子が学校へ行くようになれば、新たな技術の習得を夢見ている（ミミ）。グレイス（中国）が言うように、アメリカでは学位や資格を取得したければ、たとえそれを使うことがなくても、取得することが出来る。また、個人の生活ぶりに周囲が批判も干渉もしないので、女性たちのほぼ全員が、自国で味わえなかった自由を感じている。

次に、彼女たちに共通しているのは、祖国との絆である。アメリカ文化を謳歌し、表面上はアメリカ的な生活をおくっていても、祖国は綿々と彼女たちの中に生きている。祖国ベトナムを忘れたかに見えるトゥランでさえ、母国料理は好きだし、祖国に帰るとぎくしゃくするリコさんほど、日本文化の伝統を日常生活で実践している人も少ない。母国人の性格を嫌うグレイス（台湾）やヴィクトリア（ロシア）でさえ母国語を喋り、母国料理を作る。マリエッタ（フィリピン）やトゥランは、親子3代同居という祖国の伝統を守っているし、祖国を訪れたり、祖国に友人や親戚のいる人も多く、グレイス（中国）は、両国の良いところを取った人生を送っている。ステファニーは、アメリカと韓国という二つの素晴らしい文化を持っている自分に誇りを持ち、世界人になることに決めた。

　一方で、祖国との絆がマイナスに働く場合もあることがわかった。アラブ女性の伝統に従って、兄弟の世話に明け暮れたために婚期を失ったライラは、アラブ文化に自分の人生を奪われたと思っている。台湾出身のグレイスは、母の度重なる小言のせいで、いまだに自分の能力に充分な自信が持てない。そしてヴィクトリアとライラは、アメリカで生まれていたら、自分はもっと成功していたのにと、アメリカ生まれに対する羨望がある。

　また私自身も経験することだが、海外居住者は、母国が繁栄して、アメリカと友好関係でいてほしいと願うものである。ファリデー（イラン）は、祖国がアメリカと敵対関係になって、肩身の狭い思いで暮らしている。トゥランやヴィクトリアが、祖国に見向きもしないのも、ベトナムやロシアがアメリカの友好国でないという事情があるかもしれない。「私はアメリカ国民なんです。あんな国は、もうどうでもいいんです」と、アメリカに忠誠を誓っているようにも見える。ステファニーは素晴らしい文化を二つ持っていることに気付き、世界人になることに決めたが、彼女の祖国が韓国でなく、北朝鮮だったらどうだったろう。韓国が繁栄し、アメリカの友好国であったからこそ、彼女は祖国に誇りを持ったのではないだろうか。祖国が北朝鮮だったら、それに背を向けたかもしれない。パレスチナ出身のライラはその反対に、イスラエルびいきのアメリカに、必死になって祖国の窮状と権利を訴えているが、祖国との絆のせいで、それを堂々と表だって主張できない窮屈さを感じている。

更に、ここでとりあげた世界各国の女性たちに共通しているのは、子供の有無と永住との関係である。様々の理由でアメリカに移住してきた女性たちも、永住を決意してきた人ばかりではなかった。政治や宗教の迫害を逃れて来た人たちですら、その半数はいずれは祖国に帰れると信じていた（ファリデー、グレイス）。また経済的な理由や勉学のために来て、数年後に祖国に帰るつもりだった人もいる（ノーマ、ゼイネップ）。その全員が、私がインタビューした時点では、アメリカに永住する結果となっていた。その最大の理由は、子供がアメリカに住みたがるからだった。

上記の女性たちとは逆に、永住目的で移住したステファニーの成功志向の両親は、アメリカに適応できなかった長男のために、初志をひるがえして祖国韓国に引き上げる結果となった。しかし二人の子供がアメリカ国民となって残っているため、両親は両国を行き来している。

一方、子供のいない女性は、結局は祖国に帰ることを望んでいる（ライラ、エルス）。今は子供の居ないハイディも、すでに米国国民になっているにもかかわらず、将来どこに永住するかは全く白紙である。彼女の言うように、アジア人と結婚すれば、アジアに永住することになるかもしれない。

では、始めから永住を決意して移住した女性たちは、どのような理由からだったのだろうか。まず第一に、より良い環境と経済に憧れたことがあげられよう。共産主義の迫害をのがれたトゥラン（ベトナム）、人種偏見をのがれたヴィクトリア（ロシア）、看護業で一家を支えるマリエッタ（フィリピン）、アメリカに憧れたハイディ（韓国）、より高い職業的な志を持ったステファニーの両親と、ステファニー自身もこれに相当しよう。

次の理由は勉学だが、リコさんのように勉学をきっかけとして永住する人は男女にかぎらず多く、ここでとりあげた女性たちと離れるが、とくに科学技術の部門では、祖国にとっては頭脳流出の現象をきたしている。

第一、第二の理由と重なるのだが、ここで目立ったのは、勉学やより良い環境を求めるなどが動機になっているにせよ、本人の性格と自国の国民性との不一致が永住の決意をより強固にしていることである。リコ、グレイス（台湾）、ヴィクトリアがその例で、祖国で抑圧感や葛藤を感じていた分だけ、アメリカへの適応度が高く、のびのびと暮らしている。

第三の理由は、アメリカ人男性と結婚することになったからで、エルス（オランダ）やミミ（コンゴ）がその例である。このグループに属する女性は、現実にはかなり多くて、この二人以外にも私はロスアンゼルスの街で、色々の国から来た女性に何人も出合った。その中には、アメリカに来たいために、アメリカ人男性と結婚した女性もいるかもしれない。

ここに取り上げた女性たちは、異文化の中で暮らしているため、祖国を外から見ることが出来るようになる。祖国のことを批判もするが、部外者に対しては、祖国のことを熱心に説明したり弁護もして、時には私設外交官のような役目も果たしている。そして「祖国の人が変わったと思える時は、きっと私が変わったんでしょう」とノーマが言うように、個人差はあるものの、内面的にも文化の合成を生じつつある。

これは同時に、どちらの文化にも完全に属さない「マージナルな（境界型の）」人格とかつては言われた。しかしそれは、異文化が海をへだてた遠いものだった時代のことで、現代はむしろ、異文化間をつなぐエージェントとして、それが求められる傾向さえある。ステファニーが言ったように、一世の移民は、ごくまれな例を除いて移住した国の主流にはなれないが、これは実はグローバル化に至る過渡期とも言える。事実彼女は、「自分は世界市民になることにした」と言っている。ビジネスの世界では、かなり以前からグローバル化は実現しているが、人はまだグローバル化に追いついていない状態ではないだろうか。ここにとりあげた女性たちは、その先駆者と言えないこともない。前向きに、エネルギッシュに色々な事を吸収し、複数の言語を話すなど、一つの文化に限定されない豊かなものを持っている。そしてグレイス（中国）が言うように、彼女たちの体験が、よりグローバルで豊かな次世代の形成に貢献しているようだ。
私としても、知らなかった事実に目を開かされたり、偏見を正されたりして、大変勉強になった。インタビューに応じてくれた女性たちに感謝したい。

再版によせて
このたび日本でも、小学一年生から英語を学校で教えることになった。また東京大学が5年後をめどに、世界の潮流にならって9月入学とする決定をした。その理由は、より優れた外国人学生が入学し易いようにして、現在世界ランキングが30位に落ちた東大の国際的競争力を高めることにあるという。日本の他の大学が、順次この流れに従うことは明らかだ。ようやく若い世代でのグローバル化の必要性に、官学ともに気付いたようだ。
日本は国土も小さく、天然資源も少なくて、人的資源で持っている国である。若い人たちが国の政策の実施を待たないで、個人的にどんどん外に出て、国際的な理解や競争力を培ってほしい。そこには試練も待っているが、リコさんが言うように、代価を払わなければ何も得られない。本書が、そのための勇気を与えるきっかけの一つになれば幸いである。

ロスアンゼルスにて
楠巳　敦子

著者略歴

本名　徳生敦子
東京女子大学英米文学科卒業、同時通訳養成所終了、渡米してミシガン大学より社会学で修士号取得、帰国して野村マネジメントスクール勤務後再び渡米、UCLA（カリフォルニア大学ロスアンゼルス校）より博士号取得（社会学）、通訳、日系米国企業顧問、UCLA 講師などを歴任

二つの祖国を持つ女性たち

平成23年6月21日　第1刷発行
平成24年3月3日　第2刷発行

検印省略

著者　楠《くす》巳《み》敦《あつ》子《こ》
発行者　石澤三郎
発行所　株式会社　栄光出版社
〒140-0002　東京都品川区東品川1の37の5
電話　03(3471)1235
FAX　03(3471)1237

印刷・製本　モリモト印刷㈱

ISBN 978-4-7541-0123-7